中学校道徳サポートBOOKS

「特別の教科 道徳」の
授業と評価
実践ガイド

道徳ノートの記述から見取る
通知票文例集

中学校

服部 敬一 編著

明治図書

まえがき

　道徳教育の評価はどのようにすればよいのか。
　このことは，非常に重要な課題であるにもかかわらず，これまではこの課題に関心をもっている人はそれほど多くはなかったのではないだろうか。私はこれまで20年以上，道徳の時間の評価に関心をもってきたが，その間，道徳の評価についての研究を目にすることはほとんどなかった。ところが，特別の教科である道徳（以下「道徳科」）が創設されることになり，「評価をしなければならない」という気運がにわかに高まり，教育現場のみならず研究者の間でも「道徳科」の評価について関心をもつ人が急増した。しかし，ここで忘れてはならないことは，これまでの学習指導要領においても，「生徒の道徳性については，常にその実態を把握して指導に生かすよう努める必要がある。ただし，道徳の時間に関して数値などによる評価は行わないものとする。」と述べられているように，道徳教育に評価が必要であることは言われてきたし，道徳の時間に関して数値などによる評価は行わないことになっていたのである。つまり，「道徳科」になったから評価をすることになったわけではないのである。
　このことから，昨今の評価への関心は，指導要録や通知票に何をどのように書くかということへの関心であると言うべきであろう。もちろん，指導要録や通知票での評価はこれまでしてこなかったものであり，生徒やその保護者に直接フィードバックするものであるだけに重要であり，関心が高いのもうなずけるところである。重要なことであるからこそ，「何でもよいから生徒のよいところを見つけて，ほめておけばよい」というような安易な評価に陥ることなく，「道徳科」における生徒の学習状況や道徳性に係る成長の様子を正しく把握したい。その上で，それを認めて励ましたいものである。生徒も，お門違いのほめ言葉ではなく，納得のいく評価をしてもらいたいはずである。そのためには，「道徳科」の学習が一人一人の生徒にどのような学びをもたらしたのか，つまり，生徒は新たに何を学んだのかを把握する必要がある。
　そのことを考える上で，混同しやすい3つのことについて触れておきたい。

○「学校の教育活動全体を通じて行う道徳教育」の評価と「道徳科」の評価の混同

　これまでの「道徳の時間」や，これからの「道徳科」は，「学校における教育活動全体を通じて行う道徳教育」（以下「道徳教育」）と混同されやすい。もちろん，両者は密接に関係しているし，それらが相まって効果を上げている可能性も否定できない。しかし，この2つを混同してしまうと，例えば，ある学校で生徒の中に思いやりのある姿が多く見られるようになった場合，それが「道徳教育」の成果なのか「道徳科」の成果なのかが区別できなくなってしまう。その結果，「道徳科」の評価をすることができなくなる。特に，今回の学習指導要領の改訂では「道徳科」の目標も「道徳教育」の目標も道徳性を養うことに統一されたために，一層混同されやすくなったと考える。しかし，ここで忘れてはならないことは，今回の指導要録に新設

された評価欄は「特別の教科　道徳」の評価欄だということである。そして，生徒の道徳性を評価するのではないことも忘れてはならない。

○生徒が「学んだこと」と「もともと知っていたこと」の混同

「個性は尊重されなければならない」「法やきまりは守るべきである」「思いやりをもって人と接するべきである」「生命は大切である」などのような学習指導要領の内容項目に書かれていることであれば，それが大切であることぐらいは中学生にもなればよく分かっている。したがって，「今日の道徳の勉強で，規則の大切さがよく分かりました。これからは少しでも規則を守って生活したいです。」と生徒が書いたり，言ったりしたとしても，それだけでは生徒が法やきまりを守ることの意義を「学んだ」とは言い切れない。それは，「もともと知っていたこと」を確認しただけに過ぎないかもしれないからである。生徒が「学んだ」と言うためには，それまで生徒がおそらく知らなかったであろう法やきまりの意義やそれを守るべき理由や根拠，守らないことの問題点や課題について明確に述べられなければならない。

○教育評価と人物評価の混同

生徒の道徳性（人物）を評価するのであれば，日常の様子をよく観察したり，質問したり，書かせたりすることにより，生徒の道徳性を評価するために多くの情報を収集する必要がある。なぜ多くかというと，1つや2つの言動や態度だけで判断することは正しい評価に結び付きにくいからである。これに対して，「道徳科」における生徒の学習状況や道徳性に係る成長の様子を見取るのであれば（教育評価），日常的に多くの資料を収集する必要はなくなる。なぜなら，日常生活における生徒の道徳性は，「道徳科」によって養われたとは限らないからである。それは，「道徳教育」の成果かもしれないし，学級や学校の雰囲気によるものかもしれないし，小学校教育や家庭教育等によるものかもしれないからである。

つまり，「道徳科」における生徒の学習状況や道徳性に係る成長の様子を評価するためには，「道徳科」の学習そのものの成果に目を向ける必要がある。したがって，「道徳科」で指導していない事柄について評価することは教育評価としては正しくない。

これらを踏まえて，本書では「道徳科」の評価文を作成するに当たって次のことを押さえる。

・生徒の道徳性を評価するのではなく，「道徳科」の学習によって，生徒がもともと知っていたことではなく，生徒が新たにどのようなことを学んだかを評価する。
・生徒にとって分かりきったことではない「道徳科」のねらいを設定し，それに生徒一人一人がどの程度迫れたかを「指導と評価の一体化」の視点で見取る。

このことをご理解いただくために本書では，比較的有名な教材を多く取り上げて，「ねらいの設定」から「授業づくり」，「道徳ノートからの見取り」という手順に従って「評価文例」を作成した。

2019年3月　　　　　　　　　　　　　　　　　　　　　編著者　服部　敬一

もくじ

まえがき　2

第1章
授業と評価のポイント

1　道徳の学習と評価　……………………………………………………8
2　「特別の教科　道徳」における評価の課題　………………………8
3　ねらいの達成が評価の最も重要な基準　……………………………10
4　1時間で達成可能なねらいを立てるには　…………………………11
5　学習の最後に「分かったこと」を問う意味　………………………12

第2章
授業と評価の実践事例と道徳ノートの記述から見取る通知票文例集

自分の判断に従って，誠実に行動する意味を考えよう　………………14
　（1年／自主，自律，自由と責任【A-(1)】／裏庭でのできごと）

自主的・自律的に生きる意味について考えよう　………………………20
　（1年／自主，自律，自由と責任【A-(1)】／父の目覚まし時計）

困難に負けない，強い意志をもって生きることについて考えよう　……26
　（3年／希望と勇気，克己と強い意志【A-(4)】／二人の弟子）

相手意識をもった思いやりの形について考えよう　………………………32
　（1年／思いやり，感謝【B-(6)】／父の言葉）

相手への深く切なる思いから出る行動と
その後の安堵感を理解しよう ……………………………… 38
　　　（2年／思いやり，感謝【B-(6)】／夜のくだもの屋）

相手を思う心の姿について考えよう ……………………… 44
　　　（2年／思いやり，感謝【B-(6)】／ある車中でのこと）

2人の間に生まれた互いを信頼する気持ちを理解しよう … 50
　　　（1年／友情，信頼【B-(8)】／部活の帰り）

信頼し合える友達について考えよう ……………………… 56
　　　（3年／友情，信頼【B-(8)】／違うんだよ，健司）

他の立場や考えを受け入れよう …………………………… 62
　　　（1年／相互理解，寛容【B-(9)】／言葉の向こうに）

きまりを守る意味について考えよう ……………………… 68
　　　（3年／遵法精神，公徳心【C-(10)】／二通の手紙）

いじめる側からいじめについて考えよう ………………… 74
　　　（3年／公正，公平，社会正義【C-(11)】／卒業文集最後の二行）

働くことやボランティア活動を支える心を考えよう …… 80
　　　（2年／勤労【C-(13)】／私のボランティアの原点）

家族が関わり合い，支え合うことの意味や
家族の絆について考えよう ………………………………… 86
　　　（1年／家族愛，家庭生活の充実【C-(14)】／一冊のノート）

集団で1つの目標に向かうことについて考えよう ……… 92
　　　（2年／よりよい学校生活，集団生活の充実【C-(15)】／みんなでとんだ！）

国と国との友情について考えよう ………………………… 98
　　　（2年／国際理解，国際貢献【C-(18)】／海と空―樫野の人々―）

かけがえのない生命をどう生きるかについて考えよう ……… 104
　　　（3年／生命の尊さ【D-⑲】／キミばあちゃんの椿）

人間の弱さを乗り越えて生きる意味を考えよう ……… 110
　　　（1年／よりよく生きる喜び【D-㉒】／雪の日に）

後悔と向き合い，自分の生き方について考えよう ……… 116
　　　（2年／よりよく生きる喜び【D-㉒】／足袋の季節）

よりよく生きる意味について考えよう ……… 122
　　　（3年／よりよく生きる喜び【D-㉒】／銀の燭台）

第1章
授業と評価のポイント

1 道徳の学習と評価

　平成31年度から，中学校の「道徳の時間」が「特別の教科　道徳（道徳科）」として実施されることになった。そして，全ての生徒に道徳の教科書が手渡され，「特別の教科　道徳」に関して評価を行うことになっている。今回の改訂は，昭和33年の道徳の時間の特設以来の我が国の道徳教育における大きな変革であり，学校現場だけでなく研究者たちの間でも大いに関心のあるところである。そこで本書では，特に道徳科の評価の在り方について考察し，その進め方を具体的に提案する。

　どのような教育活動であっても，そこに評価が伴うのは当然である。しかし，これまでの道徳の時間には，評価というものがほとんど行われてこなかった現実がある。そこには，道徳の時間に育成すべき道徳的実践力が内面的資質であり，その内面にあるものを評価することが困難であると考えられてきたこと。仮に道徳性が身に付いていると思われる生徒がいたとして，それが道徳の時間の成果なのか，それとも道徳教育の成果なのか，家庭教育によるものか，あるいはその子がもともともっている性質によるものなのかが判別できないこと。さらに言うならば，道徳性は人格全体に関わるものであるため評価に対して慎重になるべきであることなど，道徳の時間の評価に関して，教師たちを消極的にする幾つもの要因があったからであろう。

　このように，生徒の道徳性を評価することは難しい。もちろん心理学研究の成果として，道徳性の検査や道徳性の発達状況を知るための指標があるにはあるが，それらのテストによって示されるのは道徳性の一側面であり道徳性そのものではない。つまり，健康診断の数ある検査項目のうちの1つのようなものであって，それで生徒の道徳性そのものを知ることはできない。

2 「特別の教科　道徳」における評価の課題

　新学習指導要領では，第3章　特別の教科　道徳の第3に「4　生徒の学習状況や道徳性に係る成長の様子を継続的に把握し，指導に生かすよう努める必要がある。ただし，数値などによる評価は行わないものとする。」と示された。また，平成29年7月に出された『中学校学習指導要領解説　特別の教科　道徳編』では評価に当たって以下のことが示されている。

○個々の内容項目ごとではなく，大くくりなまとまりを踏まえた評価とすること
○他の生徒との比較による評価ではなく，生徒がいかに成長したかを積極的に受け止めて認め，励ます個人内評価として記述式で行うこと
○道徳的価値やそれらに関わる諸事象について他者の考え方や議論に触れ，自律的に思考する中で，一面的な見方から多面的・多角的な見方へと発展しているか
○道徳科の評価は，選抜に当たり客観性・公平性が求められる入学者選抜とはなじまないものであり，このため，道徳科の評価は調査書には記載せず，入学者選抜の合否判定に活用することのないようにする必要がある

同時に，指導要録の参考様式が示され，教師は指導要録や通知票に評価文を記述することになった。しかし，その評価欄に生徒の何をどのように記述するかについては，多くの教師たちにとってまだまだ分かりにくく，関心の高いところである。

　そこで，指導要録や通知票の評価欄に記述すべき評価文（例文）を取り上げて具体的に考えることにする。以下の例文について検討する。

例文1　誰に対しても思いやりの心をもって接することができており，困っている人に対しては自分から声をかけて助けようとしています。

例文2　道徳科では礼儀の大切さを学びました。そして，相手を見てきちんと挨拶する姿が多く見られるようになりました。

例文3　美化委員長として学校の美化に努めてくれています。おかげで，校内はとても美しくなりました。これからの活躍に期待しています。

　上記の3つの例文はどれも生徒の具体的な姿が書かれており，それを認め，励ます個人内評価のようであるが，残念ながら「特別の教科　道徳」の評価としては適切なものではないと考える。理由は，「特別の教科　道徳」の成果かどうかが分からないからである。例文1の思いやりの心や困っている人への声かけは，もしかするとあたたかな雰囲気の学級経営によるものかもしれないし，日々の教師の指導の成果かもしれない。あるいは，家庭教育によるものである可能性も十分に考えられる。さらに言うならば，その生徒のもともとの性質に起因するものかもしれない。例文2の生徒が礼儀正しい挨拶の仕方を身に付けたことはよく分かるし，例文3の生徒が一生懸命に学校の美化に努めてきたことも想像できる。しかし，これらについても「特別の教科　道徳」における「学習状況や道徳性に係る成長の様子」としてよいのだろうか。このような姿が見られるようになったのは，「特別の教科　道徳」の指導の成果だと言ってよいのか。もちろん，これらのことを目指す指導は，「特別の教科　道徳」でも行っているが，教師ならば，それ以外の指導の場においても日頃から指導していることである。そして，それらの日々の適切な指導の積み重ねこそが重要であることは教師たちがよく知っていることである。

　次に，「生徒の学習状況」を評価するのであれば，次のような評価文はどうだろうか？

例文4　道徳科の学習では，課題を自分のこととして捉えて真剣に考えていました。友達の考えと自分の考えを比べながら話し合う中で，時に質問をして深く考えていました。

　これも，道徳科の学習において，この生徒が進んで学習に取り組んでいる姿が目に浮かぶ評価文である。しかし，文頭の「道徳科」の部分を「国語科」「社会科」などの他の教科に書き換えても意味が通ってしまう。つまり，学習におけるこのような生徒の姿は何も道徳科だけが目指しているわけではなく，どの教科においてもこれまでも重視してきたものである。したがって，例文4は「特別の教科　道徳」独自の評価にはならない。これらは学習状況というよりも，むしろ学習態度と言うべきかもしれない。

3 ねらいの達成が評価の最も重要な基準

　道徳の授業の良し悪しを決める基準は何か。研究授業後の討議会等では，「多様な意見が出ていた」「友達の意見と自分の意見を比較して考えていた」「話し合いが活発だった」「授業の雰囲気がよかった」「生徒の目が輝いていた」などの意見が出され，その授業がよかったかどうかの話し合いが進められることが少なくない。確かにこれらの意見の中には，授業や生徒の学習の様子を評価しようという視点がある。しかし，道徳の授業の評価としては十分なものとは言えない。それらは主観的意見である上に，道徳の授業以外のどの授業にも当てはまる一般的な視点でしかない。つまり，道徳の授業を評価するための客観的で明確な観点が必要である。

　ここで，道徳の時間を評価するために，これだけは外してはならないものを１つだけ挙げるとするならば，それは「ねらいの達成」であると提案する。つまり，その授業で教師がねらいとしたものが，学習指導によって達成できたかどうかを指導と評価の一体化に立って生徒の成長を把握しようということである。ねらいが達成できていなければ，たとえ活発に学習が行われていたとしても，多様な考えが出されたとしても，それはよい授業とは言えない。

　ところが，これまでの道徳の時間のねらいは，例えば「自律の精神を重んじ，自主的に考え，判断し，誠実に実行してその結果に責任をもとうとする心情を育てる」や，「思いやりの心をもって人と接しようとする態度を育てる」のように，学習指導要領に示された内容に書かれている文章の末に「心情」「判断力」「態度」などの道徳性の様相を付けただけのものが多かった。このような抽象的なねらいは，それがどの程度達成できたのかを評価するための基準としては大き過ぎたと考える。[1] そのことについて，人々は「道徳性や道徳的実践力」は，１時間で育つようなものではなく，将来出会うであろう様々な場面，状況においても道徳的価値を実現するために適切な行為を主体的に選択し，実践することができるような内面的資質であり，道徳の時間に即効性を求めるべきではないと主張してきた。このことは，これまでの学習指導要領解説に「道徳的実践力とは，人間としてよりよく生きていく力であり，一人一人の生徒が道徳的価値を自覚し，人間としての生き方について深く考え，将来出会うであろう様々な場面，状況においても，道徳的価値を実現するための適切な行為を主体的に選択し，実践することができるような内面的資質を意味している」[2] と書かれてきたことと無関係ではないだろう。

　これらの主張に見られるような目標の捉え方を「長期的な目標」と位置づけたブルームは，次のように述べている。

　「教育者も，短期的な目標と長期的な目標の間の関係を見失うことがある。このため，教師や校長の中には，彼らの『本当の』目標は，必ずしも明白ではない，確認できないものであって，生徒のどのような変化であるかという形では述べられないものだと主張する人もいる。また，すぐには明白ではないが，ずっと後になって，学校をおえて何年もたって現れるような或る態度，価値，技能を育成するものであるという主張もなされることがある。教師によっては，

自分達にわかっているのは目標の重要性だけであり，実際に生じる結果の形や方向などを教師が予知することはできないと主張されることがあるのである。このような考え方は，時によると"教える以上のことが習得される"という決まり文句に要約される場合もある」[3]

このブルームの主張は，これまでの道徳の時間の課題にぴったり当てはまると考える。

では，道徳科において短期的な目標を設定することはできないのであろうか。私たち教師は道徳の授業をつくる際，ねらいの達成に向けて教材をどのように活用し，生徒に何を学ばせるかを考えて授業の詳細を設計する。そうでなければ有意義な学習活動も，有効な発問もつくることはできない。つまり，その1時間で生徒に何らかの有効な変容を想定しているはずである。もちろん，1時間での変容はほんの小さなものでしかないかもしれない。それでも1時間の変容としては意味があると考える。もしも，1時間での成長が見取れないとするならば，その時間が生徒にとってどんな意味があるかも想定できていなかったのだろうか。それでは，一体何時間の授業を積み重ねれば，生徒の成長を見取ることができるのだろうか，5時間か10時間か，1年間か。人は時間をかけて少しずつ成長している。道徳の面に関してもそうである。したがって，1年経てばそれだけ成長しても不思議ではない。しかし，それは道徳科以外の学びや，様々な経験による成長ではないと言えるのだろうか。道徳科による成長を評価するのであれば，1時間ごとにも生徒の学びや変容を評価する必要がある。ただし，1時間での生徒の変容を把握するためには，指導者が1時間で生徒のどのような変容を想定しているかという，具体的で明確なねらいをもっていることが必要である。どのような授業であっても，そこで目指す生徒の変容が明確になっていなければ，それができたかどうかを見取ることはできない。

つまり評価は，教師が確かな指導観に基づく明確な意図をもって指導や指導方法の計画を立て，学習指導過程で期待する生徒の学習を具体的な姿で表した観点があってこそ可能になるのであって，生徒の学習状況に係る成長の様子もその観点に沿って的確に把握しなければならない。そのことができれば，学習指導過程の評価にとどまらず，個々の生徒の学習状況を明確で具体的な観点に沿って把握し，評価することも可能になる。

4　1時間で達成可能なねらいを立てるには

これまで述べてきたように，道徳科において授業のねらいや内容に照らして生徒の評価を行うためには，まず，1時間で達成可能な具体的なねらいを立てる必要がある。つまり，抽象的な道徳的価値やそれを文章に表した内容項目をねらいとするのではなく，その授業で扱う教材の特質を生かした具体的なねらいを設定すべきである。内容項目は窓口ではあるが，そのままでは大き過ぎるため，1時間ごとのねらいを立てなければその達成状況は評価できない。このことは各教科でも同様である。各教科においても教科の目標や学年の目標・内容があるが，それをそのまま単元や1時間のねらいにすることはないはずである。

また，授業である以上，生徒が授業前から分かっていることをねらいにするのではなく，生

徒にとっての何らかの新しい学びを想定してねらいを立てなければならない。つまり，道徳科を1時間実施したからには，成果がわずかでも，生徒に何らかの変化が起こらなければならないという考え方に立ち，起こるべき変化を具体的に表したねらいを立てるべきである。

5 学習の最後に「分かったこと」を問う意味

これまでの道徳授業では，いわゆる「展開前段」と呼ばれる部分で教材を用いての学習を行い，「展開後段」で自分を振り返らせる活動をすることが多かった。例えば，規則の大切さを扱った教材を読んだ後で教師が，「今日の学習を通してこれまでの自分自身を振り返ってみましょう」と問う。そうすると，生徒は次のような振り返りをしがちである。

> 私はこれまで，きまりを守れなかったことが時々ありましたが，今日の道徳の勉強できまりの大切さがよく分かりました。これからは，少しでもきまりを守るようにしたいと思います。

このような振り返り文は，「展開前段」がなくては書くことができないのだろうか。そうは思えない。例えば「規則の大切さについて自分を振り返って書きましょう」と指示するだけでも，生徒は同様の文を書くだろう。生徒は，規則を守らなければならないことも，守れない場合があることもよく知っている。したがって，生徒がこのような振り返りをしたとしても，道徳的価値を本当に自分自身との関わりの中で深めているとは言えないし，成長を確かめる資料にはならないと考える。

そこで，学習の最後に生徒一人一人に「今日の学習で分かったこと（学んだこと）」を書かせることにした。その1時間で達成可能で具体的なねらいを設定し，そのねらいに向けて進める授業では，ねらいは内容項目や徳目ではなく，それを支える理由であったり，根拠であったりするため，生徒が学習を通すことなく容易に教師のねらいを推察することはできない。したがって，生徒が学習の最後に書いた「分かったこと」は，その時間の学習を通して生徒自身が（分かった）と考えていることであり，（分かった）つもりのことである。もちろん，教師がそのことを教えてしまったり，誘導したりしたのでは生徒自身が分かったことにはならないことは言うまでもない。あるいは，教師が「今日の○○について学習しました。分かりましたか？」と問えば，生徒は「はい」と答えるだろう。しかしそれでは，その時間の学習が生徒にとってどのように意味があったのか，あるいはなかったのかを見取ることはできない。

このように，生徒にとって分かりきったことではないねらいを設定し，それを追求する学習を通して，生徒自身が「分かったこと」を資料として評価文を作成すれば，道徳科の学習における生徒の学びや成長，生徒自身が道徳的価値の理解をどのように深めたかを記述することが可能になる。

（服部　敬一）

1）服部敬一は「「道徳の時間」の「ねらい」を具体化する」（日本道徳基礎教育学会『道徳教育論集第2号』平成11年3月）で，ねらいの表現が一般的で，道徳性の諸様相の概念が明確でない点を指摘している。
2）『中学校学習指導要領解説　道徳編』平成20年7月, p.32, 文部科学省
3）B.S.ブルーム他・梶田叡一他訳（1973）『教育評価ハンドブック』p.28, 第一法規

第2章

授業と評価の実践事例と
道徳ノートの記述から見取る
通知票文例集

1年 自主，自律，自由と責任【A-(1)】

自分の判断に従って，誠実に行動する意味を考えよう

教材：裏庭でのできごと

ねらい

自分が正しいと考えていることを実行できないとき，自分のことを情けなく思い，そんな自分から一歩踏み出すことが自己の肯定につながることに気付かせる。

ねらいから見た評価のポイント

他人の言葉に流されずに自分の判断に従って誠実に行動できたとき，自分に自信がもて，前向きな気持ちになれるという方向での理解の深まりを評価する。

主題設定の理由

私たちは，ダメだと分かっていても，ついつい意に反して周りに流されてしまうことがある。また，怒られたくないという思いから，自分の過ちについて正直に行動できないこともある。そんなとき，どう行動するべきか分かっていても，なかなか実行できない自分を情けなく思う。

そんな自分の弱さを克服して，自分の判断に従って誠実に実行することが，自分に対する誇りと自信をもって晴れやかな気持ちで生きることにつながることを理解させたい。

授業づくりのポイント

中学生にもなれば健二がどうするべきかすでに分かっており，健二が先生に正直に謝るべきか，否かという二者択一の議論では考えが深まらない。そこで本時は，大輔のことを乗り越えたことによって，健二の心がどのように変化するかについて議論させ，自分の判断に従って誠実に行動することの意味についての考えを深める。

■ 学習指導過程

	学習活動	発問と予想される生徒の心の動き	指導上の留意点
導入	○本時の課題を知る。	○「自己肯定感」という言葉がよく使われるが，どんな気持ちか。 ・前向きな気持ち ・自分を誇らしく思う気持ち ・自分のことをよく思える気持ち	・具体例をいくつか考えさせる。
展開	①教材を読む。		・全文を通読する。
	②授業中の健二の心情を考える。	英語の授業に身が入らなかったのはなぜか？ ・先生に正直に謝れなかったから。 ・雄一に対して申し訳ないから。 ・自分がどうするべきか悩んでいたから。	・授業に身が入らなかったときや，授業後での心情の変化を押さえる。
	③授業後の健二の心情を考える。	健二の足取りを重くしているのは何か？ ・大輔や雄一との関係に悩んでいる。 ・正直に謝りづらくなったこと。	・大輔に口止めされてからの心情を押さえる。
	④大輔のことを乗り越えた，健二の心の変容を考える。	大輔のことを乗り越えたことによって，健二の心はそれまでと何が変わったか？ ・自分を情けなく思っていたが，乗り越えたことで前向きな気持ちになった。 ・謝れないと苦しいままだったが，正直に行動したことで誇らしい気持ちになった。 ・今までは友達に流されることが多かったが，自分で判断して行動できたから自信をもてた。 ・自分の行いに対して責任を取ることができたから，晴れやかな気持ちになった。	・先生に正直に謝れたときの健二の肯定的な心情を捉えさせることで，ねらいへの理解を深める。
終末	○道徳ノートを書く。	○今日の学習で分かったことを書こう。	・学習について振り返らせ，自分の学びを整理させる。

■ 教材の概要

裏庭に向かった健二，大輔，雄一。そこで猫に襲われそうな鳥のひなを助けるために，雄一はボールを投げたが，窓ガラスを割ってしまった。雄一が先生に報告しに行く間，健二は別の窓ガラスを割ってしまい，先生にはそのことを言えず，雄一を怒らせてしまう。その後，先生に正直に謝りに行こうと考えるが，大輔には口止めされてしまい，思い悩んでしまう。

■ 授業の実際

〈学習活動②以降〉

> **発問** 健二が好きなはずの英語の授業に，まったく身が入らなかったのはなぜか。

S すぐに先生に，もう一枚の窓ガラスを割ったことを言い出せなかったから。
S 自分が割った窓ガラスの分まで，雄一が割ったことにしてしまったから。
T そのときの健二はどんな気持ちでしたか？
S 雄一に対して申し訳なくて，後ろめたい。
S 罪悪感があって，気持ちがすっきりしない。
T では，他に授業に身が入らなかった理由はありますか？
S 自分がどうすべきか悩んでいたから。
T では英語の授業後，健二はどうすると決心していましたか？
S 先生に正直に謝ろうとしていた。
T いろいろ悩んだけど，その決断をしたときの健二の心はどうでしたか？
S 先生には叱られるかもしれないけど，気持ちはすっきりしていた。
S 謝ろうと自分で決めたから，前向きな気持ちだった。

> **発問** 健二の足取りを重くしているのは何か？

S 大輔に「言わなくていい」と言われたことを気にしているから。
T では健二は言わなくてもいいや，と考えが変わったんですか？
S 変わってない。
T どうして変わらないままだったんですか？
S 謝るべきだと思っていたから。
T では，先生に謝ればいいんじゃないですか？
S もし先生に謝ったら，大輔との関係が悪くなるかもしれない。

T 大輔に気を使っているんですね。では大輔のことを正しいと思っていますか？
S 思ってない。本当は正直に先生に謝るべきだと思っている。
T このときの健二の心はどうですか？
S どうしたらいいか分からなくて，しんどくなっている。

発問 大輔のことを乗り越えたことによって，健二の心はそれまでと何が変わったか？

S 気持ちが前向き（晴れやか，清々しく）になった。
T どうして前向きな気持ちになれたのですか？
S 先生に正直に謝れたから。
T どうして健二は正直に謝ることができたと思いますか？
S （生徒は考えはじめる）う～ん，なんでだろう。
T では，誰の考えに従って行動したと思いますか？
S 大輔じゃなくて，健二自身。自分の考えを大切にしたから。だから，正直に謝れた。
T そうすることで健二は自分自身のことをよく思えたんですね。この気持ちを「自己肯定感」といいます。では逆に，大輔のことを乗り越えられないままだとどんな気持ちですか？
S 大輔に口止めされて，本当にすべきことができない自分が情けない。
S 雄一への申し訳ない気持ちが消えず，罪悪感を抱えたままだったかもしれない。

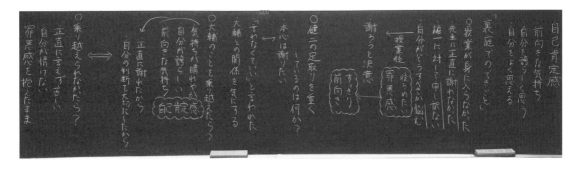

道徳ノートの記述と評価文例

自分に正直に生きるよさについての記述

今日の授業で，先生に正直に言えば健二と大輔の関係は少し悪くなるかもしれないけど，黙ったままではなくちゃんと謝るべきだと思いました。言わないままで，罪悪感を感じて気が重い日々が続くのなら，先生に叱られたとしても，自分に正直に言った方が気持ちも晴れやかになるし，大輔もわかってくれると思います。

評価文例

「裏庭でのできごと」の学習を通して，自分の過ちを隠し通せば，いい気持ちにならなかったと考え，たとえ先生に叱られたとしても，良心に従った行動をすることで晴れやかな気持ちになると気付きました。

Point

謝れないままの健二の生き方をよくないと感じ，自分に正直に行動できたときの健二の晴れやかな気持ちについて考えている点を評価した。

人間のもつ弱さの克服に関する記述

今日の学習で，友達とのことを考えると正直に謝ろうかと迷ってしまうところが誰にでもあるのかなと思います。でも，本当はこうした方がいいと思っているのに，それができないときには，自分のことを情けなく感じて，それを乗り越えた時には，自信を持てると思いました。

評価文例

「裏庭でのできごと」の学習を通して，正直に言いたくても言えないという葛藤を通して人間的な弱さや，それを乗り越えたときの前向きな感情に気付くことができました。

Point

分かっていても正しいことができない場面があることを踏まえつつ，誠実に行動することで得られる自己肯定感について考えている点を評価した。

自分で考えて判断することについての記述

　今日の道徳で気づいたことは，ついつい周りに流されることや，よく考えずに友達の意見に合わせていることは自分に当てはまるということでした。でもいざという時にどうするべきか，しっかりと考えて判断しないと後悔につながってしまう可能性もあると思いました。

　「裏庭でのできごと」の学習を通して，健二と自らの体験を重ねることで，これまでの自分の行動で改善すべき点を見出せました。また，取るべき行動について自分でしっかりと考えることの大切さに気付きました。

　健二の行動を自分との関わりをもって理解を深め，周囲の意見に流されずに自分で判断して行動することのよさに気付いたことを評価した。

自分で責任を取ることについての記述

　今日の学習で感じたことは，たとえ大輔に「言わなくていい」って言われていても，黙ったままの健二は，正直に謝ることができなくて情けないと思います。でも，もしちゃんと謝れていたら，健二の責任をとろうとする態度や誠実さは先生にも伝わり，健二自身も清々しい気持ちになれると思いました。

　「裏庭でのできごと」の学習を通して，自分で責任を取れない健二を情けないと捉え，それを乗り越えたときのよさについても考え，清々しい気持ちになれるということを理解しました。

　自らの失敗をうやむやに済ますのではなく，自分で責任を取ることの清々しさに気付き，自分の生き方の参考にしようとする点を評価した。

（伊計　拓郎）

1年　　自主，自律，自由と責任【A-(1)】

自主的・自律的に生きる意味について考えよう

📖 父の目覚まし時計 📖

■ ねらい

　自分のことを自分でできることと，できないことの違いはほんの少しであるが，できるようになれば，元には戻りたくない気持ちになることに気付かせる。

■ ねらいから見た評価のポイント

　自分の内に自ら規律をつくり，それに従って行動しようと思えば思うほど，以前のような自分にはなりたくないと思うことについての理解の深まりを評価する。

■ 主題設定の理由

　「自分のことは自分でやる」ことは，小さい頃から親や周囲の大人たちからよく言われることであり，中学生でもその大切さは十分理解している。ところが，そうは言っても，両親に頼りがちになったり，本来自分ですべきことを他に任せた上で不平不満を述べたりと，自分本位な言動をとってしまうことも少なくない。しかし，一度強い意志をもって自分のことは自分でやろうと決意し，その努力を継続していくことによって，決して以前のような自分には戻りたくないと思うものである。それは，「自分で自分のことをできない自分は情けない」という思いや，「人に頼ってばかりで恥ずかしい」などの思いからである。本時は，自分のことを自分でできる自分とできない自分とを比較させ，自律的に生きる意味についての理解を深めさせたい。

■ 授業づくりのポイント

　本授業では，まず新しい目覚まし時計を贈られた父がどんな思いで自律に向かおうとしていったかを考える。そして，それを今でも宝物にし，時々取り出して見ている父の様子から，自律的な生き方は一度確立されたらそれでおしまいではなく，常にそうありたいという意志をもち続け，また，継続していくための努力を重ねたくなるものであることに気付かせたい。そのために，自分のことを自分でできないとどんな気持ちになるかを押さえ，そのような気持ちになりたくないという思いを感じさせたい。

学習指導過程

	学習活動	発問と予想される生徒の心の動き	指導上の留意点
導入	○本時の課題を知る。	・自律的な生き方とは、どういうものだろうか。今日は、そのことを考えよう。	・授業前の子供の「自律」という言葉の捉えを明確にさせる。
展開	①教材を読む。		・全文を通読する。
	②目覚まし時計に向かう父の決意を考える。	父はどんな思いで、目覚まし時計に向かって手を合わせたか。 ・自分の力で起きられるようになりたい。 ・おじいちゃんとの約束を果たしたい。 ・おばあちゃんに迷惑をかけたくない。	・他力本願に目覚まし時計にお願いしているのではなく、父の強い決意の表れと捉えさせる。
	③自分の力で起きられるようになった父がその後、頑張れたのは、どんな気持ちからか考える。	自分で起きられるようになってからの父は、どうして頑張れたのか？ どんな気持ちがあったからか？ ・人に頼ってばかりではいけないと思ったから。 ・自分で起きられた方が気持ちがいいし、きちんとした1日が送れると感じたから。 ・おじいちゃんとの約束はずっと続いているから。	・自分で起きられるようになった後、他のことも自分でやろうとする自律的な生き方であることを押さえる。
	④父が以前の「できない自分」に戻りたくない理由を考える。	そのようになった父は、どうして元のような「できない自分」に戻りたくないのか？ ・自分で自分のことができない自分を情けないと思うから。 ・自分のことを自分でできないでいると、誰からも信用されないことが分かったから。 ・自分が少し大人になれたと感じているから。	・自分のことを自分で「できた自分」と「できない自分」を比較して考えさせることで、ねらいの方向に向けての理解を深める。
終末	○道徳ノートを書く。	○今日の学習で分かったことを書こう。	・学習について振り返らせ、自分の学びを整理させる。

教材の概要

筆者の父が中学校の入学祝いに目覚まし時計を贈ってもらったことによって，自らの生活を見つめながら，自分の行動を律しようと決心する。それは，その後の父の職場における信用や相手に対する礼儀，思いやりにもつながっている。筆者は，自律の姿とも言える〈心のベル〉が自分にも用意されているか考える。

授業の実際

〈学習活動③以降〉

> **発問** 自分で起きられるようになってからの父は，どうして頑張れたのか。

S 人に頼ってばかりではいけないと思ったから。
S 付け足しで，なんでも人にやってもらっていたらダメな人間になってしまうと思ったから。
T ダメな人間ってどういうこと？
S 自分1人では何もできない人間。
S 人にやってもらうのが当たり前だと思ってしまう人。それに文句も言う。
T なるほど。他に頑張れた理由や，どんな気持ちがあったか考えた人はいますか？
S 自分で起きられた方が気持ちがいいし，きちんとした1日が送れると感じたから。
T みんなも起こされるより，自分から起きられた方が気持ちいい？
S （うなずく）
T では，きちんとした1日ってどういうものでしょう。
S 遅刻せず，忘れ物せず，頭もさえて，清々しい1日。
S やる気に満ちた1日。なんでも頑張れそうだし，1日が楽しくなりそう。
T そうですね。まだ他の意見ある人いますか。
S おじいちゃんとの約束はずっと続いているから。
S この目覚まし時計には，おじいちゃんとの約束が詰まっていて，朝起きる起きないということももちろんあるけど，これを見て自分のことは自分でやらなきゃって思えていると思います。

> **発問** なるほど。だから今でも古びた目覚まし時計を大切にし，それを見ながら頑張ろうと思っているわけだね。では，そのようになった父は，どうして元のような「できない自分」に戻りたくないのだろうか。

S 自分で自分のことができない自分を情けないと思うから。
T 情けない？ なぜ情けないと思うのでしょうか？
S 子供たちはもう一度じっくりと考え始める。（しばらく待つ）
S やっぱりそれは，できない自分を許せない自分がいるからだと思います。
S 私も「できない自分は嫌だな」と思うことがあります。そして，今になって思うと，「そんな自分に戻りたくない」って思います。
T ○○さん自身も，このお父さんと同じように思うのですね。
S このお父さんは自分のことを自分でできるようになって仕事先でも信用されるようになったわけだから，元のような「できない自分」は，誰からも信用されないってことだし，私も自分がこのお父さんだったら，やっぱり戻りたくないと思います。
T ○○さんも同じように思うのですね。他にありますか？
S 元のような「できない自分」に戻ってしまったら，おじいちゃんやおばあちゃんに悪いというか，申し訳ないということもあると思います。
S おじいちゃんやおばあちゃんは，お父さんに自分のことは自分でできるようになってほしいと思って目覚まし時計を贈ったわけだから，戻ってしまったらその気持ちを裏切ることになる。
S それこそ，相手がどんな気持ちか考えられない子供っぽい人間。
T 確かにその通りですね。では，今日のめあてである自律的に生きることの意味をまとめてみましょう。
S 自律的に生きるってことは，人に任せて迷惑をかけたり，嫌な気持ちにさせたりするのではなく，自分のことを自分できちんとやれるようになることだと思います。
S できない自分にイライラしたり，モヤモヤしたりして過ごすのではなく，自分でできることをしっかりやって，心から気持ちよく生きることだと思います。

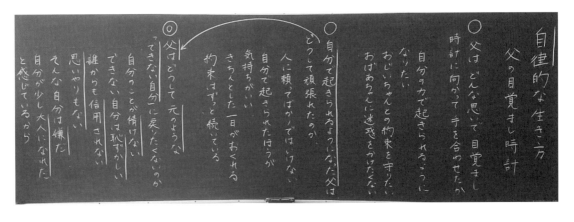

道徳ノートの記述と評価文例

自分の生活を見直し，自律して生きていこうとすることに関する記述

　今日の学習で，自分のことを自分ですることの大切さが改めてよく分かりました。自分でも自分の生活を見直してみると，むだな時間を過ごしていたり，人のせいにしてしまっていたりすることがあります。強い決意と意志をもってこれからは自分に厳しく生きていこうと思いました。その方が自分も周りもいいと思ったからです。

評価文例
　「父の目覚まし時計」の学習を通して，自分自身の生活も自律的に生きられていない部分があることを見つめ直しました。そして，自分に厳しく，強い決意と固い意志をもって自分を変えていこうと考えることができました。

Point
　自分の今の生活はこのままではいけないと思うと同時に，教材中の父のように，自分を変えていくことの必要性に気付いたことを評価した。

自律的な生き方に憧れの気持ちをもったことについての記述

　今日の学習で分かったことは，父の生き方です。古びた目覚まし時計を今でも大事にとっておき，そして今でもそれを見ていることがあるってことは，以前のような情けない自分に戻りたくないという気持ちがあるからだと思いました。そういう生き方を自分もしていきたいと思いました。

評価文例
　「父の目覚まし時計」の学習を通して，父のような自律的な生き方に憧れの気持ちをもちました。そして，自分のことを自分でしっかりとできるようになれば，元には戻りたくない気持ちになることを理解しました。

Point
　教材中の父の生き方に憧れの気持ちを抱き，自分のことを自分でできるようになると，元には戻りたくない気持ちになることを理解できたことを評価した。

自律的に生きることと，そうでないことを比較した記述

今日の道徳で，自分のことを自分でしないと，周りに迷惑がかかったり，人を不快にさせたりしてしまうことが分かりました。僕もいつまでも親に頼ってばかりではいけないと思いました。また，約束を守らないこともいけないことだと思うので，自分で決めたことは自分で責任をもってやり通すことが大切だと思いました。

「父の目覚まし時計」の学習を通して，自律的な行動をしないと，周囲に迷惑をかけたり，相手を不快にさせたりすることを理解しました。また，人に頼らず自分で決めたことを最後まで責任をもってやり通すことの大切さも理解しました。

自分の現状も踏まえ，周囲に迷惑をかけてしまっている自分に情けなさを感じた。しかし，そのことを考えられたからこそ，今後，自分で決めたことを責任をもってやり通そうとする気持ちの高まりが見られ，そこを評価した。

自分で自分を律しようということに関する記述

今日の学習で，一度自分の生活を見直してみることが必要だと思いました。心のベルとは，自分で自分を目覚めさせるものだと思います。そしてそれを鳴らせるのも自分しかいません。だから，友達や相手，家族，周りの人のことをしっかりと考えて，自分で自分を戒めることができる人になることが大切だと分かりました。

「父の目覚まし時計」の学習を通して，自分の生活を見直そうと考えました。そして，自分のことを自分ですることの意義を感じ，周りの人のことをよく考えて，自分で自分の言動を戒めることの大切さを理解しました。

自分で自分の生活を点検し，今後は，自分自身のためにも周りの人のためにも，自律的な行動をとることが大切であることを理解したことを評価した。

（鈴木　賢一）

3年　希望と勇気，克己と強い意志【A-(4)】

困難に負けない，強い意志をもって生きることについて考えよう

教材：二人の弟子

ねらい

困難に負けないで，強い意志をもって生きることは，それ自体が自分自身と向き合い，苦しみながら精一杯生きることであることに気付かせる。

ねらいから見た評価のポイント

困難にあってもあきらめずに努力し続け，目標達成のためにくじけず自分の意志を貫くことが大事であることは生徒は知識として理解している。人生において困難なことに遭遇したり，くじけそうになったりしたとき，それを受け入れながら，何度でも立ち上がり前進するという考えをもって自分を立て直していくという理解の深まりを評価する。

主題設定の理由

「困難に負けるな」「自分の意志を貫くのだ」という言葉は，これまでの生活経験の中で何度も言われてきている。そして，そうあるべきだと誰もが思っている。しかし，困難にあい，負けそうになったとき「どのように考え」て「自分が負けないようにするべきか」「目標達成に向かって頑張り通すのか」を考えていることは少ない。生徒は，誘惑に負けず，自分に負けずに努力すれば，目標達成することができると考えている。反対に，人は，目標達成までの苦しさから逃げ出してしまうこともある。失敗したり，挫折したりしたときに，その自分を受け入れて，自分の生き方を立て直すことも大切であることに気付かせたい。

授業づくりのポイント

智行の生き方は，誰もが目指すところである。道信は，何度も自分に負け横道にそれる生き方をしてきた。一見すると智行とは反対の生き方である。雪の中でふきのとうを見て初心を思い起こし，道信は，再び生き方を立て直そうとする。智行と道信の生き方の違いと共通点から，２人は常に前に向かって歩いていることを気付かせる。上人の言葉がキーワードとなり，暗闇の中の白百合を見たときの智行の涙の意味を考える。目標に向かって困難に負けず強い意志をもって生きるとは，どういうことか考える。人生においてどんな道を通るにしても，自分の選択した道を受け入れて生きていくことの大切さを考え，その理解を深める。

学習指導過程

	学習活動	発問と予想される生徒の心の動き	指導上の留意点
導入	○本時の課題を知る。	・困難に負けないで生きる，強い意志をもって生きる，とは，どのように生きていくことなのだろうか。今日は，そのことを考えよう。	・本時の主題への方向づけを行う。
展開	①教材を読む。		・全文を通読する。
	②道信の生きざまと智行の修行の違いと共通点について考える。	道信の生きざまと智行の修行の違いはなんなのだろうか。 共通していることはなんなのだろうか。	・道信と智行の生き方を対比した板書をすると，2人の相違点が理解しやすくなる。
		・道信は，いろいろな経験をしてきたけれど，智行は学問だけをやってきた。 ・道信は，自分のやりたいことをやって我慢してこなかったけど，智行は苦しいことに耐え，我慢して生きてきた。 ・2人とも前に向かって，進んでいるのが共通している。	
	③白百合を見て流した智行の涙の意味について考える。	上人の言葉を聞いて，智行は何に気付いたのだろう。 智行の涙の意味は，なんだろう。	・智行は，道信が苦しみから逃れ，困難から目を背けて生きてきたと考えていたことに気付かせる。
		・道信の生き方が上人様に認められて，憎らしいと思ってしまった心の狭さ。 ・自分にちゃんと向き合ってなかったこと。 ・上人様と自分の器の違い。 ・上人様は道信の悪い行いを許したのではなく，道信がやり直そうとする気持ちを認めていること。 ・道信が何度も生き方を立て直そうと生きてきたことと，自分が耐えて修行してきたことは実は同じことであった。 ・それぞれ違う道を歩んできたが，それぞれに自分の困難と闘ってきた。 ・自分の方が努力してきたと思っていたが，人生を前に進めてきたことに変わりはなかった。	・白百合の姿の美しさから智行が何に気付いたのかを考えることが，ねらいの方向に向けての理解を深めることになる。 ・「人は皆，自分自身と向き合っていきていかねばならないのだ。」という言葉から，苦しみに耐えて生きてきたのは自分だけであったのか，について目を向けさせる。
終末	○道徳ノートを書く。	○「困難に負けないで，強い意志をもって生きる」とはどう生きていくことか，今日の学習で分かったことを書こう。	・学習について振り返らせ，自分の学びを整理させる。

教材の概要

　上人は，14歳の智行と道信を，都の本山に修行に出してくれた。智行は，立派な僧侶となって故郷の西山寺に帰った。一方，厳しい修行から逃げた道信が修行をやり直すことを上人は許した。「人は皆，自分自身と向き合って生きていかねばならないのだ。」の意味に気付いた智行は，涙を止めることができず，月の光の中にいつまでも立ち尽くした。

授業の実際

〈学習活動②以降〉

> **発問**　道信の生きざまと智行の修行の違いはなんなのだろうか。
> 　　　　共通していることはなんなのだろうか。

T　道信の生きざまと智行の修行の違いはなんだろうか？
S　道信は自分のやりたいことばっかりやってきたけど，智行は我慢して頑張ってきた。
S　智行は1つのことだけ一生懸命にやってきたけど道信は，いろんなことを学んできた。
T　2人の共通点は，なんだろう？
S　苦労して生きてきた。
S　道信は，いろいろあったけど人生前に進んでるし，智行は自分の道を一生懸命進んできたと思う。
T　すごいね。すぐ分かるなんてびっくりした。

> **発問**　上人の言葉を聞いて，智行は何に気付いたのだろう。
> 　　　　智行の涙の意味は，なんだろう。

S　学問だけ，1つのことだけやっていて他のことは何もやってこなかったことに後悔している。
S　えーっ。なんで？　智行は後悔することなんかないよ。智行は頑張って立派な僧になったんだから。後悔する意味が分からない！
S　道信のような生き方も認めていきなさいってことじゃないの？
S　どうして，道信の生き方を認めるの？
S　道信は，散々やってきたんだから，智行の方がずっといい生き方してきた。
S　白百合を見て泣く意味が分からない！
S　白百合は自分の考え方に気付くきっかけだよ。

S　どうして？

S　白百合のきれいさにはっとして，自分は何も気付けてなかったと思ったんだよ。

S　智行の後悔っていうのは，道信がやり直したいって言ったのを許せない自分の心の狭さっていうのに気付いてダメだなっていうか。

S　智行の頑張ってまじめに生きてきたことは，もちろんいいことで，それを後悔しなくてもいいんだけど，自分のダメなところに気付いたってことじゃないの？

S　お坊さんは，普段，夜に出歩くことはないから夜の暗闇に咲く白百合なんて見たことがなくて，それを見て初めてきれいさに気付いて，物事を見る角度とかを変えるとまた違ったものが見えてくるということに気付いたと思います。

S　百合はまっすぐ咲いているんですよね，先生。

T　そうだね，百合ってほとんど茎がまっすぐになって立っているよ。

S　だから，道信の生き方も確かに悪いこといろいろやってきたけど，そこから立ち直ろうとしてはまた，失敗してまた，立ち直ろうとして積み重ねてまっすぐになっている。智行も，まっすぐに生きてきた。百合を見て自分の生き方も道信の生き方も百合のまっすぐな姿を見て，同じって気付いたんじゃないの？

S　っていうことは，智行は道信のやった悪いことは許せないけど，生き直すことは許すってことかなぁ。

S　道信も，もう一度修行したいって強い意志があれば自分を変えられると思う。

T　困難に負けないで，強い意志をもって生きるとは，どう生きていくことなんだろう？

S　自分の選んだ道の困難を受け入れて，人生を生きていくってことだと思う。

S　自分の頑張りを自分で認めて励ましながら頑張って生きることかな。

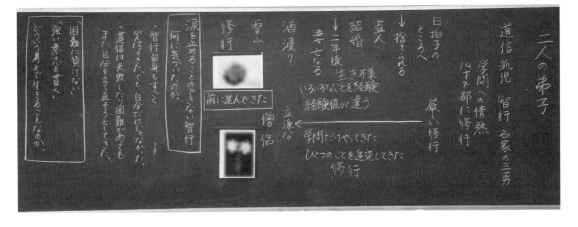

道徳ノートの記述と評価文例

自分自身に向き合って生きるよさに関する記述

　今，自分に起こっていることから逃げられずに，結局は，「自分自身と向き合って生きていく」ことが強い意志になっていき，困難に負けずに生きていくことができると思います。自分自身を客観的に見ることの大切さと人生は自分の強い意志で変えられるのだということを学びました。

評価文例
　「二人の弟子」の学習を通して，自分の人生を生きていくためには自分をよく見つめ，自分に起こっていることに向き合って，考えながら生きていくことが困難に負けないで生きていくことのよさであるということを理解することができました。

Point
　自分の人生に起こるであろう様々なことから逃げられずに，結局は，そのときの自分に向き合っていくことが生きようとする強い意志になり困難に負けないことにつながることに気付いたと評価した。

自分の生き方を認め，次への力にする生き方についての記述

　智行や道信がお互いに頑張ってきたのは事実。自分が頑張ってきたことを自分自身で認めてほしい。「人は皆，自分自身と向き合って生きていかねばならないのだ。」というのは自分の頑張りを認めて，自分を励ますことで，これから先また，頑張っていけるし，人生がつながっていくものだと思う。

評価文例
　「二人の弟子」の学習を通して，人は自分の頑張りを認め，それを自分の励ましにすることで困難な道も生きていけることに気付き，人生を生きていく力のもとを理解することができました。

Point
　人は困難に遭遇するとそれを解決する面ばかり見てしまう。しかし，困難に負けないためには，今までの自分の頑張りに気付き，その努力を認めることが困難を打破する力になることに気付いたことを評価した。

自分の選んだ道を懸命に生きるという記述

今日の道徳で，智行が泣いたのは「今まで苦労して頑張ってきたことが無駄に感じた。」から泣いたと思いました。でも，その道を選んだのは自分でよく頑張ったという涙だとも思いました。道信も自分が選んだ道で頑張ってきたことが分かった。自分が選んだ道を一生懸命生きることは決して無駄にはならないと思いました。

「二人の弟子」の学習を通して，自分の選んだ道がたとえ困難なものであっても，その道を懸命に生きることが決して無駄ではなく，素晴らしいことであることに気付きました。

「自分と向き合って生きる」ということは自分が選択した道の困難も受け入れた上で懸命に生きることであると理解し，それがどんな道でも一生懸命に生きることの素晴らしさに気付いたことを評価した。

失敗から生き方を立て直せるという記述

今までは人生は失敗してはいけないと思っていたけど，人生は失敗したら自分の強い意志でやり直すことができるということを学んだ。強い意志で自分の人生をいいものにしていけるんだと分かった。

「二人の弟子」の学習を通して，はじめの，失敗しないように生きるという自分の考えから，失敗してもやり直すことができる生き方のよさに気付き，そこに強い意志をもつ意味があることを理解しました。

失敗しないように生きることがよい生き方という価値の理解から，失敗してもまた立ち上がって生き直すことが強い意志をもって生きるということであることに気付いた。新たな価値に気付き，理解したことを評価した。

（増田　千晴）

1年　思いやり，感謝【B-(6)】

相手意識をもった思いやりの形について考えよう

教材：父の言葉

ねらい

思いやりに基づく行動には消極的なものも積極的なものもあるが，いずれの場合であっても相手の立場や気持ちに対する配慮に基づくことが大切であることに気付かせる。

ねらいから見た評価のポイント

思いやりは，いろいろな形や行動で表されるが，どんな場合においても相手の立場や気持ちに対する配慮に基づくものであるということの理解の深まりを評価する。

主題設定の理由

困っている人に声をかけたり手を差し伸べたりする言動は「思いやり」の行為として尊ばれるものであり，生徒たちの姿からも見取れることが多い。しかし，自分自身に余裕がないときには，自己中心的な考えになり，相手の立場や気持ちを考えることができず，思いやりの気持ちが心にあっても言動に表せないことが多くなる。相手の立場や状況を冷静に考えたとき，どのような形で思いやりの気持ちを表すことがよいのかを考え，判断できる力を身に付けさせていくと同時に，自分自身のことを見つめさせていきたい。そして，思いやりの形は1つではなく，その1つ1つは相手の立場や状況に応じた配慮がなされているものであるということを理解させたい。

授業づくりのポイント

「隠れる」「行って話す」どちらかの行為が善ではなく，どちらにも思いやりが含まれている。しかし，「行ってお話ししてあげなさい。」と言った父の言葉に含まれている思いやりの意味や，その後「私」が福祉の仕事を行っていることを深く考えさせることにより，困っている人に積極的に関わっていくことのよさに気付かせたい。また，導入では「『親切』の反対は『無視』」という定義を教師から投げかけ，それについて考えさせることにより，思いやりは，どんな相手に対しても真剣にその人の立場や気持ちに対する配慮に基づくことが大切であること気付かせ，ねらいの方向に向けての理解を深めさせる。

学習指導過程

	学習活動	発問と予想される生徒の心の動き	指導上の留意点
導入	○本時の課題を知る。	・「親切」の反対はなんだろう。	・「親切」の反対は「無視」であると定義し，本時のねらいに向けての方向づけをする。
展開	①教材を読む。 ②「私」の行動の意味について考える。		・全文を通読する。 ・「私」の行動の意味を考えることで，そこには自分本位の気持ちと相手を思いやる気持ちが混在していることに気付かせる。
		「私」が，赤い松葉杖の女の子に姿を見られないようにしているのはなぜか。	
		・自分だけ治っていて申し訳ない。 ・ショックを受けたらかわいそう。 ・女の子の立場を気遣う気持ちから。	
	③父の言葉がもつ思いやりについて考える。	「行ってお話ししてあげなさい。」と言った父には，女の子に対するどんな思いやりがあるのか。	・父の言葉の中に含まれている思いやりの意味を考えることで，次の発問へとつなげる。
		・隠れるのを見たら悲しむ。 ・相手の立場を理解すること。 ・同じ病気だったからこそ話し相手になれる。 ・希望をあげられるということ。	
	④2つの思いやりの形を比較する。	「隠れる」と「行って話す」の行為の中にある思いやりはどう違うのだろう。	・思いやりにもいろいろな形や行動があることに気付かせ，ねらいの方向に向けての理解を深める。 ・女の子からは，それぞれの行為がどのように見えるかを比較する。
		・思いやりが見えるか見えないかの違い。 ・積極的か消極的か。 ・話しかけるには勇気と行動力が必要。	
	⑤父の「思いやり」の意味を考える。	父の「思いやり」にはどんな意味があるのか。父の考え方が，その後「私」の福祉に対する生き方にどんな影響を与えたのか。	・UNICEFなどで精力的に福祉活動を行っている「私」の根幹には父の考え方が影響していることに気付かせることで，積極的な思いやりの意味に気付かせる。
		・困っている人には積極的に手を差し伸べる。 ・相手のためによいと思うことは，どんどん行って，救いたいということ。 ・自分と立場が違っていても，迷わずに飛び込んで行って助けるということ。	
終末	○道徳ノートに書く。	○今日の学習で分かったことを書こう。	・学習について振り返らせ，自分の学びを整理させる。

教材の概要

　小さい頃結核性股関節炎という病気にかかったことのある「私」は，ある日，同じ病気で一緒に入院していた女の子と道で出会う。「私」は歩けるようになったのだが，その女の子は松葉杖をついていた。「私」は女の子に自分の足を見られないようにと隠れるのだが，「私」の父は「隠れないで，行ってお話ししてあげなさい。」と声をかける。

授業の実際

〈学習活動③以降〉

> 発問　「行ってお話ししてあげなさい。」と言った父には，女の子に対するどんな思いやりがあるのか。

S　女の子を励ましてあげたい。
S　同じ病気だから，一緒に話せるし，共感できるかもしれない。
S　女の子を元気にさせてあげようという思いやり。
S　話しかけて話を聞いてあげることで女の子に元気をあげられる。
S　話してあげることで女の子が前向きになってくれる。

> 発問　「私」の行為も父の言葉も，どちらも思いやりだね。「隠れる」と「行って話す」の思いやりには，どんな違いがあるのだろう。

S　お父さんの方は，話してあげなさいとか言って女の子に直接伝えて励ます思いやり。「私」は走れたり歩けたりするから，隠れて自分の姿を見せない思いやり。
S　お父さんは親切，「私」は無視する思いやり。
T　「私」は無視してるの？　無視することは思いやりなのかな？
S　無視に見えるかもしれないなぁと思って。
S　お父さんは，その子と話してあげるっていう元気にしてあげる思いやり。
S　お父さんは女の子を励まそうとしてる。「私」の方は，元気づけるどころか，逆に元気がなくなっちゃうんじゃないかと思います。
T　「私」にそういうことをされたら，ってことかな？
S　お父さんは励ます思いやりで，「私」は気を使ってあげてる思いやり。
S　お父さんは直接励ます思いやりで，「私」は陰から見守る思いやり。
S　お父さんの方は女の子にとってうれしいけれど，「私」のは相手に伝わらない思いやり。
S　お父さんの方は前向きにしている思いやりで，「私」の方は見せない思いやり。
T　女の子からは，「私」とお父さんの行為を受けたら，どんなふうに見えるんだろうね。

S 隠れてるのが見えなかったら何も変わらないけど，もしそれが見えてしまったらちょっとイヤで，お父さんの思いやりは，してもらってうれしいと思う。

S 「私」の方は避けられてる気がして嫌な気持ちになるけど，お父さんの方は会いに来てくれて話せるので，直接アドバイスとか聞ける。

T 同じ病気だったんだもんね。

S 「私」の方は避けられてる気持ちになる。話しかけてもらったらうれしい。

S 女の子からしたら差別されてるって感じると思う。「私」は「見せない思いやり」って思うかもしれないけど。やっぱり話しかけられたら元気になると思う。

S もし隠れているのが見えたら，その病気を治す気がなくなると思うけど，話すことができたら前向きになったり治そうとする元気が出たりすると思う。

S お父さんの行為はうれしい。「私」も女の子のことを思って逃げてるんだろうけど，女の子からしたら嫌な行為だと思う。

> 発問　父の「思いやり」にはどんな意味があるのか。父の考え方が，その後「私」の福祉に対する生き方にどんな影響を与えたのか。

S お父さんが教えてくれたのは相手が元気になる思いやり。

S お父さんが教えてくれたのは，誰とでも話すみたいな感じで言ってたことで，誰とでも話して励ましてあげようって，そう思っていろんな人と話して関わる今の徹子さんがいる。

S 積極的に関わることで，相手が喜んでくれたりうれしい気持ちになってくれたりする。

S 病気や貧しい人たちに未来の希望を与えてあげる思いやり。

S 小さい頃できなかったことを，もっと多くの人にしてあげたいという気持ちになった。

S 困っている人を助けたい，助けられるようになりたいという思いやり。

S 相手に，相手のことをよく考えて，思いやりをもってどんどん接するということ。

S 父の，相手の心や気持ちにとってプラスになる考え方が，徹子さんに影響を与えた。

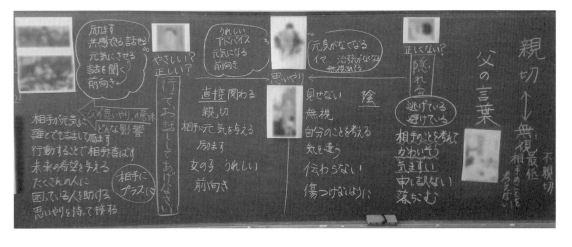

道徳ノートの記述と評価文例

相手の立場や状況をよく考えることの大切さに関する記述

今日の授業で，普段自分がしている「親切」について考えた。「親切」な言葉や行動はしているけれど，それをする理由や，それによって相手がどう感じているかなどを考えることが大切だということがわかった。どれが正しくて，どれが間違っているのかはわからないから，相手のことをよく考えたい。

評価文例

「父の言葉」の学習を通して，思いやりを形に表すときに，どんな形にしたらよいのか，相手はどう感じるかを考えることが大切であることが分かりました。また，自分自身でよく考えて親切な行為をしたいと書いていました。

Point

自分自身の「親切」について振り返り，思いやりを形に表すときには相手の立場や状況をよく考えることが大切であることに気付いたことを評価した。

思いやりは相手のことを思うことであるという記述

思いやりは，今まで励ますことが一番の目的だと思っていたけれど，本当は言った人も言われた人にとっても，未来に影響があることなのではないかと思いました。もしかしたら，それが相手にとってはいやな気持ちになることもあるかもしれません。でも，相手を思ってあげていることには違いないことを知れました。

評価文例

「父の言葉」の学習を通して，思いやりの行為の中身は相手のことを思ってなされているものであることが分かりました。また，それが将来に影響を与えることになるかもしれないというところまで，深く考えました。

Point

思いやりは，どんな場合においても相手の立場や相手への配慮に基づくものであり，どんな相手に対しても真剣に考える必要があるということの理解の深まりを評価した。

思いやりには様々な形があることについての記述

　思いやりには決まったものはなく，いろいろな思いやりがあることがわかった。自分にとっては思いやりでも，相手にとっては思いやりにはならないこともあるということがわかったからです。だから，これからは，相手にプラスになる思いやりをしてあげたいと思いました。

　「父の言葉」の学習を通して，いろいろな思いやりがあることが分かりました。そして，そのいろいろな思いやりの中から，相手にプラスになる思いやりをしていきたいと書いていました。

　いろいろな形や行動で表される思いやりに気付き，困っている人に積極的に関わっていくことのよさや，相手のプラスになるという視点で思いやりの行為を判断していこうという気持ちの高まりを評価した。

双方向の思いやりという視点についての記述

　私は「思いやり」は大切だと思うけど，人には「本当の思いやり」が必要だと思いました。「思いやり」は自分，または相手のどちらかがよい思いをすることで，「本当の思いやり」は相手も自分もよい思いをすることだと思います。どちらもよい気持ちになれるような「本当の思いやり」をしていきたいです。

　「父の言葉」の学習を通して，「本当の思いやり」とは何かについて考えていました。「思いやり」は一方向であり，「本当の思いやり」は双方向であるのではないかと考え，自分自身も「本当の思いやり」を実践していきたいという思いをもちました。

　自分なりの「本当の思いやり」について考え，思いやりは本来どちらも気持ちがよくなるものであり，双方向的であるということを深く考えたことを評価した。

（大髙　知子）

2年　　　　　　　　　　　　　　　思いやり，感謝【B−(6)】

相手への深く切なる思いから出る行動とその後の安堵感を理解しよう

教材：夜のくだもの屋

ねらい

親切にしようという気持ちとは，相手への純粋な思いやりであり，そこに感謝されたいとか，おせっかいだと思われたくないなどの余計な気持ちをもち込みたくないものであることを理解させる。

ねらいから見た評価のポイント

自分のことのように相手を大切に思う純粋な気持ちから行動することが親切にしようという気持ちにつながるという方向での理解の深まりを評価する。

主題設定の理由

私たちは誰でも人に思いやりをもって接してもらいたいと考える。その一方で，人に親切にしようとすると，相手に気付いてほしいなど自分本位な考え方になってしまうことがある。しかし，満足感を伴う親切は，相手に対する深い共感より先に目的があっての行動である。相手との関係によってその方法や示し方に違いは出てくるが，本来あるべき親切とは相手のことを我が事として考え，居ても立ってもいられない思いから行動することである。だからこそ，相手に感謝されることやお節介と思われるかを気にするのではなく，「心の安寧」につながることを理解させたい。

授業づくりのポイント

あなたがくだもの屋のご夫婦なら少女のためにどのような行動を取ったかという議論は行わない。そのような議論は子供たちに親切にする側の考えを深めるように思われがちだが，実際は，親切な気持ちそのものではなく，行為について考えることにつながってしまう。そこで本時は，くだもの屋のご夫婦がそっと店の明かりをともしておくことや，自分たちが明かりをつけていたことを黙っておくことで，何を大切にしたかったのかを議論させ，親切にしようとする気持ちについての考えを深めることに重点を置きたい。

学習指導過程

	学習活動	発問と予想される生徒の心の動き	指導上の留意点
導入	○本時の課題を知る。	・純粋な思いやりとはどういうことなのだろうか。今日は、そのことを考えよう。	・導入なのであまり時間を取らず、主題への方向づけを行う。
展開	①教材を読む。 ②くだもの屋さんのご夫婦が明かりをともす理由を考える。	くだもの屋さんのご夫婦は、自分たちのお店の明かりで女の子が助かることをどう思っていたか。 ・不安な夜道を少しでも安心させてあげられる。 ・無事に帰ってきたら、家族も安心するだろう。 ・少しでも安心させてあげたい。	・全文を通読する。 ・くだもの屋さんのご夫婦の女の子への思いを押さえることで、明かりをともす理由を捉えやすくさせる。
	③くだもの屋さんのご夫婦の女の子への純粋な思いを考える。	店の明かりをつけていることを、女の子にわざわざ言わずに黙って明かりをつけていたのはなぜか。 ・純粋に女の子を安心させてあげたかった。 ・女の子が無事に帰られているならそれでいい。 ・明かりをつけていることと商売は別のこと。 ・困っている人や不安な人を助けるのは当たり前のこと。	・くだもの屋さんのご夫婦が損得勘定なく女の子を助けてあげたかったことを押さえる。
	④言わないことでご夫婦が大切にしたかったものを考える。	もしも、それを言ってしまうと、このご夫婦の中の何がどのように変わってしまうだろうか。 ・言ってしまうと女の子のためにやったのではなく、自分たちの自己満足や利益のためにやっているように思われてしまう。 ・今日も無事に帰っていったとほっとするよりも、感謝してもらいたいと思ってしまう。 ・「やってあげている」という気持ちになってしまう。	・明かりをつけていると言わないことでご夫婦が大切にしたかったものについて考えさせることで、ねらいの方向に向けての理解を深める。
	⑤思いやりある振る舞いを受けた人はどのような気持ちになるかを考える。	くだもの屋のおばさんから話を聞いた後、女の子は、友達にどんな話をするのだろう。 ・顔も知らない私の帰り道を心配してそっと明かりをつけてくれていた人がいたこと。	・ご夫婦の温かさを感じた女の子を題材に受ける側の心の用意も考えさせる。
終末	○道徳ノートを書く。	○今日の学習で分かったことを書こう。	・学習について振り返らせ、自分の学びを整理させる。

■ 教材の概要

　合唱コンクールに向けての練習で帰宅が遅くなってしまう少女が課題曲を歌いながら帰る夜道を，夜遅くまでくだもの屋がともす明かりが毎晩照らしていた。コンクールも終わり，友人のお見舞いを買いにそのくだもの屋へ行くと，くだもの屋のおばさんが店の中で課題曲をハミングしており，くだもの屋夫婦が顔も知らない少女の帰り道を心配し，毎晩歌の声が通り過ぎるまで明かりをつけておいてくれたことを知る。

■ 授業の実際

〈学習活動③以降〉

> **発問**　店の明かりをつけていることを，女の子にわざわざ言わずに黙って明かりをつけていたのはなぜか。

S　人に親切にするのに，わざわざ言ってしまったら，値打ちがなくなる。

T　値打ちがなくなるって，どういうことですか。

S　わざわざ「あなたのためですよ」と言っているように感じる。そんなことを言われてしまうと，私がその女の子だったら，通る度に「すみません」とか申し訳ないと思うと思います。何も言われなくても，毎日帰りに前を通るときに「明るいな」だけでなく，「ありがとう」と感じていると思う。

T　なるほど。

S　女の子だけでなく，家で待っている家族も心配していたはずだし，待っている家族の身にとっても「ありがたい」と思っているんじゃないかな。

T　くだもの屋のご夫婦は，全く知らない女の子だけれど，女の子の立場や家族の身になって行動していたと考えられますね。

S　ハミングできるくらいだから，結構長い期間明かりをつけてあげていたのかも。

S　店の前を通るときに女の子が歌っているから，くだもの屋のご夫婦も最初はいつ通るかと待ち構えていたかもしれないけれど，そのうち歌が聞こえるようになるのが楽しみになってきたのだと思う。

S　女の子が不安だろうと思って，気を付けて帰ってね，の願いや祈りを込めて明かりをつけていたのではないでしょうか。

T　このご夫婦のしたことは，祈りに似た心境から，ということですね。

S　（うなずく）

> **発問** もしも、それを言ってしまうと、このご夫婦の中の何がどのように変わってしまうだろうか。

S　そっと助けてあげたいと思っているのが、恩着せがましくなってしまうと思います。
T　恩着せがましくなる、とは具体的にどういうことですか。
S　「あなたのためにわざわざやってあげているんですよ」という気持ちが行為よりも前面に出てしまう。
S　さっき出てきていた「祈る」という気持ちがあるというのなら、「やってあげてる」と相手に伝わった時点で、親切の押し付けになると思います。
T　なるほど、女の子への純粋な祈りではなくなってしまうのですね。
S　「やってあげてる」という気持ちが増すと、相手に対する思いではなく、自分の満足感が増してくると思います。
S　そうなると、相手に対して「役に立ててよかった」という気持ちを感じられなくなるのではないでしょうか。
T　親切にしようという気持ちは、「やってあげた」という気持ちではなく、相手の立場になって「ほっとする」という気持ちが必要だということですね。

> **発問** くだもの屋のおばさんから話を聞いた後、お見舞いに持っていくくだものを持ちながらおみやげ話ができたと言った女の子は、友達にどのように話をするのだろう。

S　友達も合唱部なので、コンクールで帰りが遅くなったときいつもくだもの屋さんの明かりがついていたのだけれど、顔も知らない私の帰り道を心配してそっとつけてくれていたということを話すと思います。
S　毎日私の帰りを待っていてくれたので、くだもの屋さんのおばさんまでハミングでコンクールの歌を歌えるようになっていたことを話すのではないでしょうか。

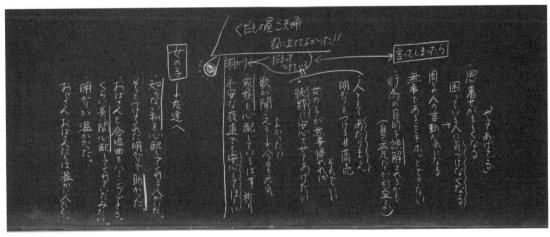

道徳ノートの記述と評価文例

相手の立場に立って親切にすることに関する記述

今日の学習で，親切にする気持ちには，相手の身になって，どのようなことに困っているか，など，いろいろと考える必要があると思いました。だからこそ，女の子にはこのご夫婦の気持ちが直接でなくても伝わっていたし，暗い夜道でもほっとさせてあげられたのだと思います。

評価文例

「夜のくだもの屋」の学習を通して，人に親切にするには，その人の身になっていろいろな視点から考えた上で行動しなければならないことを理解することができました。

Point

人を思いやるには，自分のことではなく相手の置かれている状況に思いをはせることが基本となる。その上で，自分が相手のために何ができるかを考え，行動につながっていくことに気付いたことを評価した。

相手に分からないように思いやりを発揮する生き方についての記述

今日の学習で分かったことは，くだもの屋さんのご夫婦の生き方です。ご夫婦は女の子がお店に来るまで，そっと毎晩明かりをつけて，無事に帰れるように祈っていたことを言いませんでした。私は，「この頃歌が聞こえないのでどうしなすったかと思っていたんですよ」というくだもの屋の奥さんの言葉に，このご夫婦の温かさを感じました。

評価文例

「夜のくだもの屋」の学習を通して，お礼を言ってくれるかどうか関係なく，女の子が無事に帰れるようにという思いからそっと毎晩明かりをつけていたくだもの屋のご夫婦の心の温かさに感動していました。

Point

親切な思いから出た行動は，感謝してほしいという余計な思いがあると，相手に対する「安心してほしい」という願いが薄らいでしまう。くだもの屋の夫婦が女の子に純粋に「安心してほしい」という気持ちだけで，気付かれないように明かりをともしていたその生き方に感動していることを評価した。

相手を助ける喜びについての記述

今日の道徳で、親切にしようという思いは目に見えないし、気付いてもらえないことも多いけれど、人に対する思いやりのある行動をしていると、相手がそれで助かったことがわかったら「よかった」という気持ちになることを思い出しました。

「夜のくだもの屋」の学習を通して、たとえ自分にとって負担であったとしても、相手のことを考えて自分がよいと思うことをし、相手が助かれば自分自身もホッとすることを思い出しました。

相手の身になって振る舞うと自己犠牲が伴うことも多いが、相手のことを考えて行動する「喜び」や相手が助かったときの「安堵感」に気付いたことを評価した。

純粋な思いからの親切に気付いたという記述

人に親切にしようとすると、自分の行いを人に認めてほしいという思いが前に出てきてしまい、ついつい「やってあげたよ」と相手に言いそうになってしまいます。けれど、そんなことをすると相手には余計な思いが残ってしまって、自分が純粋に相手のために居ても立ってもいられずに何かをしたかったという思いと行動が無駄になると感じました。

「夜のくだもの屋」の学習を通して、人に対する思いやりは、自分の行いを評価してもらおうと思って行動するのではなく、純粋に相手のことを考え行動することからつながっているべきだと理解しました。

思いやりある振る舞いは、誰かにほめられたい、相手に気付いてほしいという打算を一切もち込まず、純粋に相手を心配し、居ても立ってもいられない思いを起点として振る舞うべきだと理解していることを評価した。

（吉田　雅子）

2年　思いやり，感謝【B-(6)】

相手を思う心の姿について考えよう

教材：ある車中でのこと

ねらい

相手を思う心が目に見える行為として表れたものが親切であることが分かり，相手の立場に立った親切を実践しようとする意欲をもつ。

ねらいから見た評価のポイント

親切な行為とは，席を譲ることや誰かのために何かをするなどの特定の行為ではなく，自分のことのように相手のことを思い，それを目に見える姿として表したものであることへの気付きを評価する。

主題設定の理由

相手の思いを目で見ることはできない。しかし，相手の様子や立場をよく見ていると，相手がどのように感じて何を思っているのかを察することはできる。相手の思いが分かり，自分のことのように思えば思うほど，相手のために自分にできることをしようという思いがわいてくる。これが思いやりの心である。このような心から生まれた親切な行為は，人の心を温めたり動かしたりする力があるが，時と場面と相手によって容易に変わってしまう。ある人にとっては親切な行為であることが，別の人にとっても親切な行為であるとは限らないことに通じる。親切な行為を実際に行うことは簡単なようで難しいのである。ただ，難しいからと消極的にならず，日々の生活の中で心がけることが大切である。

授業づくりのポイント

親切な人は何かをしてくれる人，行動を起こしてくれる人と捉えがちであるが，精神的に支えてくれることや何もしない行為が親切なときもある。時と場面と相手に応じて行為は変わるが，その行為を生む心は，相手のために自分ができることをしたいという思いやりの心であることに気付けるようにしたい。そこで本時は，はじめに親切だと思われる行為を取り上げ，その共通点を考える活動を取り入れることで，親切な行為は無数に存在するが，そこにある共通点に気付かせることを通して，思いやりの心についての考えを深められるようにする。

■ 学習指導過程

	学習活動	発問と予想される生徒の心の動き	指導上の留意点
導入	○本時の課題を知る。	・親切な人とはどのような人だろうか。 ・この話の中に親切な人は出てくるのか，探しながら読もう。	・子供たちがもっている親切な人のイメージを引き出し，展開につなげる。
展開	①教材を読む。 ②登場人物の中で親切な人は誰かを考える。 ③親切な人を多面的・多角的に考える。 ④親切な人がもつ心の共通点を考える。	 この話の中で，親切だと思う人は誰か。 ・娘さん。手際よく作業をしていたから。 ・僕。新聞紙をお父さんに渡した。 ・中年の紳士や老人も新聞紙を渡していた。 ・おじいさんも親切だと思う。男の子を支えていた。 直接男の子の手助けをしていたのは娘さんだけではないか。 ・お父さんも困っていたから，新聞を手渡した僕や中年の紳士も親切だと思う。 ・３歳の男の子を支えていたのも，男の子が心配だったから。これも親切だと思う。 ・窓を開けたのも，お父さんや男の子，ほかのお客さんの気持ちを考えた親切だと思う。 挙げられた親切な人がもつ心の共通点は何か。 ・男の子やお父さんを助けたいという気持ち。 ・困っている人を放っておけない心。 ・自分にできることを少しでもやろうという気持ち。	・全文を通読する。 ・はじめは分析的に捉えるのではなく，教材文を読んで親切だと思った人を挙げさせる。 ・挙げた人物が親切だと思った根拠を様々な視点から考えることで，親切な人を多面的・多角的に捉えられるようにする。 ・様々な行為をしている人々の共通点を考えさせることで，ねらいの方向に向けての理解を深める。
終末	○道徳ノートを書く。	○今日の学習で分かったことを書こう。	・学習について振り返らせ，自分の学びを整理させる。

教材の概要

　ある日，満員電車の中にいた僕は，3歳くらいの男の子が車中で下痢をして粗相をしてしまった場面に出くわす。近くにいた父親が処理をしようとしたがなかなかうまくいかない。そのとき，近くにいた女性が手際よく手伝いをし始め，ほかの乗客も子供を支えたり窓を開けたりして自分にできることをし始める。車内には美しい空気が流れるという話である。

授業の実際

〈学習活動③以降〉

> **発問**　直接男の子の手助けをしていたのは，娘さんだけではないか。

S　娘さんは確かに，一番手際よく手伝いしてくれたけれど，それ以外の人たちも男の子のためにしていることがある。

S　男の子は不安だったと思う。それに気付いて，支えていたのが近くにいたおじいさんだった。手をつないでいてくれて，男の子は安心したと思う。

S　娘さんは，汚物の片付け方を知っていたからできた。でも，片付け方を知らなくてもできることはあると思う。最初に窓を開けた人もそう。

T　なるほど。窓を開けたのは自分自身が臭いが気になるから開けたのではないのですね。

S　それもあるかもしれない。

S　でも，それだけじゃない。男の子のために自分ができることをしたのだと思う。

T　（学習活動②の黒板を指し示して）この新聞紙を渡した僕や中年の紳士はどうですか。

S　お父さんが困っているのが分かったから，持っていた新聞紙を渡した。

S　早く片付けてほしいという気持ちもあったかもしれないけれど，自分ができることをしたのだと思う。手伝った方がいい気もするけれど。

T　確かに手伝ってもよかったかもしれないね。では，娘さんのつれの男の人はどうでしょう。彼女が男の子のために一生懸命作業をしているのに，彼自身は何もしてないのはちょっとひどいと思いませんか。

S　確かに。でもやり方が分からなかったのかもしれない。

S　彼女も不安があったと思うから，彼女を支えていた。これもある意味優しいと思う。

T　なるほど。そういう意味では，この男の人も親切な人と言えるかもしれませんね。

> **発問** この人たちは，行動はみんなばらばらである。でも，皆の話を聞いていると，同じような思いをもっているようにも思える。今まで挙げられた親切な人がもっている，共通点はなんだろうか。

S （しばらく考える）人を助けたいという気持ち。
S 男の子とかお父さんとか，困っている人を助けたいという思い。
T なるほど，助けたいという思い。それだけですか。
S 困っている人がいたら助けたい，自分ができることをしようとする心。
S 相手の立場を考えて，自分にできることをしようとする心。
T そうか，そのような心が，この車中の清々しい空気をつくったのでしょうね。男の子もお父さんもきっとうれしかったでしょうね。

> **発問** 今だったら，親切な人はどのような人だと言えそうか。授業で考えたことや学んだことをもとにまとめよう。

（ノートに記述後，発表）
S 人のことを考えられる人。
S 相手の立場に立って考えて，自分にできることをしようとする人。
S 困っている人を助けたいという気持ちをもてる人。
T なるほど。親切な人は何かができる人，というよりも，皆さんが言ったような心をもとにして行動する人，と言えそうですね。

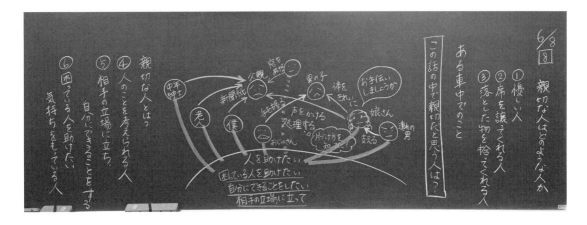

■ 道徳ノートの記述と評価文例

親切な行為を支える心についての記述

> 今日の学習で分かったことは，親切な人かどうかはその人の行動で決まるのではなく，その人の心が大切だということです。その心は，相手の立場に立って考えるという思いやりの心でした。わたしの周りにもそのような心をもっている親切な人がたくさんいます。わたしもそのような心配りができる，優しい人になりたいです。

評価文例

「ある車中でのこと」の学習を通して「親切な人はどのような人か」というテーマをもとに，大切なのはどのような行動をするかではなく思いやりの心をもって行動することであることを理解することができました。また，自分の身の回りにもそのような親切な人がたくさんいることに気付くことができました。

Point

テーマをもとに親切な人がもつ心についての理解を深め，そのような心をもった人が自分の周りにもたくさんいることに気付くことができたことを評価した。

相手の立場に立った親切な行為を行うことのよさに関する記述

> 今日の学習で，男の子やお父さんのために動いてくれている人は，誰が一番ということなくみんな親切な人だと思いました。困っている人のために自分にできることをしようという気持ちをもっている人が親切な人だということがわかりました。相手の立場に立って，自分がこんなときどうしてもらいたいかを考えて行動に移せるといいと思いました。

評価文例

「ある車中でのこと」の学習を通して，相手の立場に立って，相手を自分のことのように考えられる人が親切な人だということを理解することができ，自分もそのような人に近づけるように実践していこうという意欲をもつことができました。

Point

相手の立場に立って，その人の気持ちを自分のことのように考えて行動を起こそうとする人が親切な人であることへの気付きと，そのような人に自分も近づくために実践していきたいという意欲の表れを評価した。

本時の学びを自分ごととして考えたことの記述

今日の道徳で，親切な人はわたしの周りにもたくさんいることに気づきました。私が困っていれば手を差し伸べてくれる人です。自分が親切な人かどうかは判断できませんが，わたしはいつも親切な人に囲まれて過ごしています。人が困っていることに気づくことも，それを行動に移すことも，全部，すてきな優しさだなと思いました。

「ある車中でのこと」の学習を通して，自分の生活を見つめ直し，自分の身の回りにいる親切な人たちの存在や，その人たちに支えられている自分に気付き，そのことをすてきだと思うことができました。

教材で学んだことを自分の生活に置き換えて考え，自分の周りにいる親切な人たちが自分を支えていることへの気付きと，そのような人たちに囲まれて生活していることへの喜びを評価した。

父親の気持ちをもとに考えたことの記述

はじめはこの話に出てくる親切な人は娘さんだけだと思っていたけれど，この男の子と父親を支えている人は，実はたくさんいることがわかった。父親も，娘さんだけではなく助けてくれたいろいろな人に感謝したと思う。このような親切な人たちが社会全体を支えているのだろうなあと思い，何だか温かい気持ちになれた。

「ある車中でのこと」の学習を通して，父親や男の子の気持ちをもとに，親切な人に対する考えを深めることができました。また，親切な人が周囲に与えるよい影響や，そのような人たちがつくっている社会の姿まで想像を広げて考えることができました。

父親や男の子の立場に立って，当事者となったときに感じた温かさを想像していることや，自分たちを取り巻く社会の温かさまで深く考えていることを評価した。

（瀬戸山　千穂）

1年　友情，信頼【B-(8)】

2人の間に生まれた互いを信頼する気持ちを理解しよう

教材：部活の帰り

ねらい

互いに信頼し合うためには，互いの立場や特性を理解すること，そして共に高め合おうとすることが必要であることを理解させる。

ねらいから見た評価のポイント

良好な人間関係を築くためには，お互いの立場や特性を理解して付き合うことが必要である。特に異性となれば内的にも外的にも特性が明確となってくるが，差異があっても，普段から互いの人格を尊重することが信頼関係の構築につながるという理解の深まりを評価する。

主題設定の理由

中学生になると，これまであまり意識していなかった異性の友人に対して精神的な慕情や憧れを感じはじめる。そのため，相手に対して，目を合わすことや言葉を交わすことに緊張することさえある。

しかし，相手が同性でも異性であっても良好な人間関係を築くためには，お互いの立場や特性を理解して付き合うことが必要である。異性間においては生活上でも，内的外的にも様々な差異が出てくるが，そのような差異が出てきても，普段から互いの人格を尊重し，信頼関係を築いていくことで，乗り越え，共に助け合い，高め合っていけることを理解する必要がある。

授業づくりのポイント

異性理解については，異性に対する興味に焦点を当てるのではなく，共通する話題であっても，視点や考え方がどのように異なるのかに焦点を当てつつ，そのように異なることを理解することがお互いへの理解につながり，助け合いながら信頼を築いていける関係につながることをもとに授業を進めていきたい。

学習指導過程

	学習活動	発問と予想される生徒の心の動き	指導上の留意点
導入	○本時の課題を知る。	・誰かを好きになったとき，どんなことが大切になるのでしょうか。今日は，そのことを考えよう。	・主題に対する簡単な導入にとどめる。
展開	①教材を読む。		・全文を通読する。
	②異性を好きになる場面について考える。	人を好きになるとき，お互いのどんなところに惹かれるか？ ・顔　・性格　・料理ができること　・趣味 ・おもしろい　・振る舞い　・ユーモア	・恋愛感情をもったときの自分の心の中を捉えやすくさせる。
	③異性を好きになるとどのように振る舞うか「僕」の立場から考える。	僕が少し間を置いてK子と座ったのはなぜだろうか。 ・ドキドキしている自分の心の中を知られたくないから。 ・思ってもいないことを言ってしまいそうだから。 ・自分の冷静なところを見せておきたいから。 ・自分がキザな男と思われていないか心配だから。	・異性に恋愛感情を抱くことで，冷静に人と接したり，普段通りに振る舞えたりできなくなることを押さえる。
	④男の子の行動や様子を見て，女の子がどう考え，感じるのかK子の立場から考える。	K子の笑顔はどんな意味があったのだろう。 ・信号のボタンを押してくれたことへの感謝。 ・バスを止めてくれたことに対する感謝。 ・ちょっと恥ずかしいけれど，お礼は言いたい。 ・僕の存在がいくらか印象に残ったから。 ・僕の優しいところに少し惹かれている。	・男子からだけでなく，それを見た女子がどのように考えるかという互いの視点，考え方などの相違点について押さえる。
	⑤異性との信頼関係を結ぶために何が必要なのかを考える。	男子・女子がお互いに良好な関係を築くために欠かせないことはどんなことだろうか。 ・相手に対する気遣い，思いやり，優しさ ・互いの長所や短所を認め合うこと ・謙虚さ　・高め合おうとする気持ち ・節度のある距離	・僕とK子の距離が縮まったのは何が互いにあるからかを考えさせることで，ねらいに向けての理解を深める。
終末	○道徳ノートを書く。	○今日の学習で分かったことを書こう。	・学習について振り返らせ，自分の学びを整理させる。

教材の概要

　ある日の部活動の後，バス停で気になっていたＫ子に気付く。僕がドキドキしていると，向かいにある病院に１人で行くようにとバス停でおばあさんが車から降ろされる。僕が声をかけようとすると，Ｋ子がおばあさんに話しかけ無事に病院へ連れて行く。やってきたバスの運転手に女の子を待つように頼み，間に合った彼女は僕に微笑み，僕は心がうきうきする。

授業の実際

〈学習活動③以降〉

> **発問**　僕が少し間を置いてＫ子と座ったのはなぜだろうか。

Ｓ　顔を合わせただけでドキドキしたり喉がカラカラになったりするくらい緊張するので，隣にぴったり座ったら，もうドキドキしすぎてＫ子とは話もできません。
Ｔ　少し間を取ることで，Ｋ子さんに緊張は伝わらないですか？
Ｓ　緊張はするけど，声はうわずらないし，少しはマシじゃないでしょうか。
Ｓ　緊張すると，思わず，思ってもいないことを言ってしまいそうになります。
Ｔ　自分の言動をコントロールできなくなるということですね。
Ｓ　だから少し距離を置いて，自分の冷静なところを見せておきたいです。
Ｓ　自分がキザな男と思われていないかというところも心配だと思います。
Ｔ　なるほど。でも，Ｋ子にはそんなふうに受け取られているのでしょうか。

> **発問**　Ｋ子の笑顔はどんな意味があったのだろう。

Ｓ　ニコッと笑っているくらいだから，「僕」をキザなやつだとは思っていないと思います。
Ｔ　よかったね，「僕」にとっては。Ｋ子はなんとも感じていないのですか。
Ｓ　信号のボタンを押してくれたことに感謝していると思います。でも，恥ずかしくて言葉にはできないからニコッとしているのではないでしょうか。
Ｓ　信号だけじゃなくて，バスを止めてくれたことに対する感謝も含まれていると思います。
Ｔ　直接言うのはそんなに恥ずかしいですか。直接「ありがとう」って言ってもらったらうれしいのではないでしょうか。「僕」にとっては，特に。
Ｓ　今までそんなに話をしていたわけではないので，ちょっと恥ずかしいと思います。けれど，お礼は言いたい。
Ｓ　なんとも思っていなかったら，直接「ありがとう」と言ったかもしれませんが，「僕」の

存在がいくらか印象に残ったのだと思います。
S　私も，K子は今回のことで，少しだけですが，「僕」の優しいところに気付いたのではないかと思います。
T　K子さんは冷静ですね。「僕」はこんなにドキドキしているのに。
S　K子さんも恥ずかしいと思います。でも，まだ「僕」ほど意識していないから。
T　確かに，そういう違いはあるかもしれませんね。

> **発問**　男子・女子が，お互いに良好な関係を築くために欠かせないことはどんなことだろうか。

S　相手に対する気遣いが必要だと思います。自分のことばかり考えていると，相手のことに気付くことができません。
S　思いやりというか優しさも大切です。相手に思いやりを求めるだけではダメで，自分にも同じだけ必要だと思います。
S　そのためには，ちょうどいい距離も必要になってくると思います。
T　確かに。人によってパーソナルスペースが違いますね。
S　ちょうどいい距離を置かないと，お互いのいいところも悪いところも見えてこないし。
T　相手の悪いところを見つけても気持ちが冷めたりしませんか。
S　誰にでもいいところも悪いところもあるから，それも含めてその人で，それが分かっていればいいです。
T　それは，普通に友達をつくるところでも同じではありませんか。
S　信頼できるというところは同じですが，友達にはドキドキしません。
S　恋心は理屈ではありません。
S　相手の考えていることも理解して，協力しようとすることも大切だと思います。

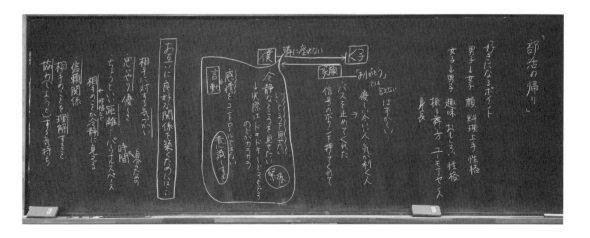

道徳ノートの記述と評価文例

相手の支えになりたいという思いに関する記述

今日の学習で、「僕」はK子がおばあさんに声をかけて助けようとしているところを見て、何か役に立ちたいと思い、バスを止めたのだと思います。相手のために自分にできることは何かを考え、行動することが大切だと思いました。人間関係を築くには、相手を信頼できるかどうかがカギになります。その最初が、相手の支えになりたいという気持ちだと思いました。

評価文例

「部活の帰り」の学習を通して、直接声をかけられなくても、信頼関係を築くためには相手のために何ができるかを考え、行動に移すことが大切と理解しました。

Point

共に高め合う関係を築くには、相手のためにどのようなことができるかを考えることは必須である。そして、単に相手を見ているだけでなく行動に移すことで、協力し合い、相手からの理解を得られ、信頼関係に結び付くことに気付いたと評価した。

相互理解についての記述

今日の学習で、「僕」の気持ちに共感しました。人を好きになると自分の気持ちしか見えなくなり、緊張してしまうことや、ついアピールしてしまい、相手にどう受け取られるか不安になります。けれど、みんなの意見を聞いて、互いの良いところや欠点、男女の考え方の違いについても知っておくことが大切だとわかりました。

評価文例

「部活の帰り」の学習を通して、気になる異性がいても、自分の気持ちだけ考え行動するのではなく、お互いのよいところも短所も知り、考え方の違いについても含め、互いを理解することが大切であることを理解しました。

Point

「僕」は自分のいいところを見せようとしていたが、その後、おばあさんを助けるK子の優しさに気付き、一方的に見ているだけでは見えないことに気付いた。「僕」とK子のように互いのよさを知ることが、互いを理解するところにつながると分かった。

男女の考え方の多様性についての記述

今日の授業で，「僕」はこれからもっとＫ子と話していく必要があると思いました。人は一人一人考えていることが違っていて，そっと見ているだけでは相手の考えは分かりません。みんなの意見でも，男子と女子では考えていることが違うことも分かりました。互いを理解するには対話することが大切だと思います。

「部活の帰り」の学習での議論を通して，相手を見ているだけでは男女の考え方の違いを理解できないことが分かりました。そのためには対話が大切であり，それが互いの理解につながることに気付きました。

Point

男女の特性として，外的な差だけでなく内的にも差があることに，議論を通して気付くことができたこと。また気付くだけでなく，どのようにすれば理解が深まるかを考えたことを評価した。

協力しようという思いが必要だという記述

今日の授業を通して，男子と女子がお互いに理解するには協力を惜しまない謙虚さが必要なのではないかと思いました。「僕」とＫ子の距離が少し縮まりましたが，それは僕が恥ずかしい思いを忘れてＫ子を助けようと思ったからだし，役に立ちたいという思いがあったからだと思います。

「部活の帰り」の学習を通して，異性と信頼関係を築くには，自分のことをアピールすることに終始するのではなく，謙虚に人に接し，協力して互いに高め合おうとすることが必要だということを理解しました。

信頼とは相手の人柄に親しみを感じ，全てを委ねようとすることであるが，そのためには互いに高め合い，心からの友情や友情を尊ぶ気持ちが必要である。その中で，相手に対して親しみを感じ，相手を支え，共に何かをやり遂げたいという思いを評価した。

（吉田　雅子）

3年　友情，信頼【B-(8)】

信頼し合える友達について考えよう

教材：違うんだよ，健司

■ ねらい

本当の友達だからこそ，言いにくいことでも言い合える，聞きにくいことでも聞き合える。そんな特別な関係であることの素晴らしさに気付かせる。

■ ねらいから見た評価のポイント

言いづらいこともはっきりと言える，言われたことをしっかりと受け止められる，そんな信頼関係に支えられた友人関係のよさについての理解の深まりについて評価する。

■ 主題設定の理由

友人関係はその人との関係性によって接し方も変わってくる。関係ができたばかりのときは，ちょっとしたことがきっかけで崩れてしまうこともあるため，自分がどんな接し方をすれば相手との関係が崩れないかといったことに気を取られてしまうこともあるだろう。子供たちは友情が大切だということは理解しているが，思春期の中学生の多くは相手との居心地のよさを優先させ，嫌われることを恐れ，相手のために苦言を呈することはほとんどない。また嫌われたり，傷ついたりすることを恐れて，あえて友人をもたないようにする場合も見られる。そこで，本時は関係性が深まることでどんな成長をするのかを考えることを通して，相手がいるからこそお互いに信頼し合える関係をつくれることの素晴らしさに気付かせたい。

■ 授業づくりのポイント

友人が悩んでいるときに，悩みをはっきりと聞く場合とそっとしておく場合がある。どちらかがよいということではなく，悩んでいる本人と話せる関係であるかということが大事である。強い信頼関係で結ばれていれば腹を割って話すことも可能であろう。また，信頼し合うことができ，お互いの思いをぶつけ合うことができればお互いに成長できるものとなりうる。友情の捉え方の異なる3人の成長について考えることを通して，友情とは，相互の関係で育まれるものであることについての理解を深めたい。

学習指導過程

	学習活動	発問と予想される生徒の心の動き	指導上の留意点
導入	○本時の課題を知る。	・友達といるときに何か気を付けていることはあるか？ 　・空気を読む。　・怒らせないようにする。 　・傷つけないようにする。　・笑顔でいる。	・本時の課題への伏線をはる。
展開	①教材を読む。		・全文を通読する。
	②友人に気を使う理由について考える。	相手が話したくないことに対して，それ以上聞き出そうとしないのは，どんな考えがあるからか？ ・相手に気を使っている。 ・そこまで関心がないから。 ・深入りをして巻き込まれたくない。 ・相手に嫌がられるのが怖い。	・相手への配慮と思いやりがそこに関係を崩したくないという消極的な考えがあることに気付かせる。
	③信頼し合える友情について考える。	話したくなかったことを話すことになってしまった耕平は，2人のことをおせっかいだと思っていないようだが，どんなふうに思っているのか？　それはなぜか？ ・優しい。 ・信頼できる。 ・ありがたい存在。 ・いい友達だ。	・自分の心の中に入ってこようとする友達の友情，思いやりに対してありがたいと思える面があることに気付かせる。
	④友情がもたらす成長，友情につながる成長について考える。	このことをきっかけに今後，3人はどんなふうに成長するのだろうか？ ・信頼されて，相談される人。 ・相手を信頼して，打ち明けられる人。	・友情は相互の関係の深まりによって，一層育まれるものだと気付かせる。
終末	○道徳ノートを書く。	○今日の学習で分かったことを書こう。	・学習について振り返らせ，自分の学びを整理させる。

教材の概要

僕は，幼馴染である明るく奔放な性格の耕平に合わせながら付き合うことが多かった。転校生の健司は言いにくいことをはっきり言う性格である。最近，様子のおかしかった耕平に健司ははっきりと尋ねる。僕は深入りしなかった。盆踊りの後に健司のばあちゃんたちの隠し事をしない関係を見て，耕平は自分の悩みを打ち明ける。

授業の実際

〈学習活動③以降〉

> **発問** 話したくなかったことを話すことになってしまった耕平は，2人のことをおせっかいだと思っていないようだが，どんなふうに思っているのか？ それはなぜか？

S 優しい2人だな。
T どうして優しいと思ったんですか。
S きっと本当は苦しい思いを誰かに聞いてもらいたかったと思うから，聞いてくれた2人が優しいと思った。
T 本当は聞いてほしかった？
S 1人で悩んでいたら苦しいと思う。
T （他の生徒に）どう思いますか？
S 聞いてほしかったかは分からないけど，最初は自分にしか分からないとか他の人には分かってもらえないって思ってたと思う。けど2人だったら分かってくれるかな？って，信頼していいかな？って思ってたんじゃないかな。
S ありがたい存在。
T ありがたいってどういうことかな，みんなに詳しく説明してくれる？
S 他の人にはきっと言えない悩みだったと思う。2人にだからこそ言えたんだと思う。
T 他の人には言えないのはどうして？
S さっきも出たけど，親身になって聞いてくれる関係じゃないから。
S バカにされたり，茶化されたりすると思ったかもしれない。
T 他の人には言えないことも受け止めてくれる存在になったんですね。さっきまではずいぶん浅い関係だったけど，ずいぶん深い関係になりましたね。

| 発問 | このことをきっかけに，今後3人はどんなふうに成長するのだろうか。|

S　おばあちゃんたちみたいになる。
T　もう少し詳しく教えてください。
S　お互いに遠慮なくものを言っているけど，楽しそうな関係。
T　どうして遠慮なく言えるんだろう。
S　相手がきっと分かってくれる……違うな。（少し考えてから）きっと受け止めてくれると思っているから。

T　どんな成長をしていくとおばあちゃんたちみたいな関係になれるかな？
S　信頼される人になればいい。
T　信頼される人っていうのは？
S　相手の言うことをちゃんと聞かない人は信頼されない気がするから，きちんと聞いてくれる人。
S　自分だけで抱え込まないで相談できる人。
T　相談できる人？
S　小さいことだったら気軽に相談できるけど，深刻な相談って相手に心を開いてないとなかなかできないと思うから。

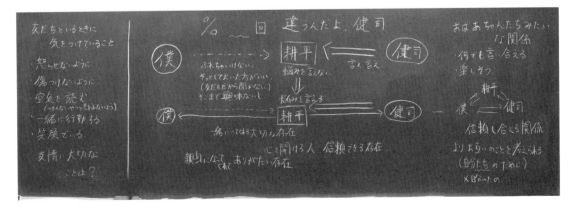

道徳ノートの記述と評価文例

信頼関係に基づいての友情に関する記述

　信頼しているから、言い合える関係になれるということがわかった。なんとなく聞かれたら嫌だろうなと思って触れないでいたことがあった。相手が自分に言ってくれないだろうと勝手に思っていたのは相手を信頼してないし、自分も信頼されていなかったのかもしれない。だけど急に深入りするのも難しいから、少しずつ信頼関係を作っていきたい。

評価文例

　「違うんだよ、健司」の学習を通して、信頼関係を結ぶことで、お互いに言いにくいことや聞きにくいことをぶつけ合える深い友情になることを理解しました。自分の友人関係と重ねながら、信頼関係を築いていく難しさにも気付いていました。

　深い悩みがある人は、聞かれてもすぐに教えたりせずに、大丈夫と言ったりする。そういう日常の自分の経験と重ね合わせて、信頼関係を築くことの大切さを理解したことを評価した。

相手の意見をしっかりと受け止めることについての記述

　今日の道徳の授業で、相手の意見をしっかり受け止めることが大切だということがわかりました。遊んでいるだけの関係なら適当に流してしまうことも別にいいけど、悩んでいる人は適当に流してしまう人には相談しないと思ったからです。大事な友達の話をきちんと聞いてあげられる人になりたいです。

評価文例

　「違うんだよ、健司」の学習を通して、人から信頼されるためにはしっかり相手の意見を受け止めることが大切だと理解しました。友達を大事にしたいからこそ信頼されることを大切にしようと考えました。

　友人とどんな関係なのかによってコミュニケーションの取り方が変わる。深い関係のよさに気付いたからこそ、相手の意見をしっかりと受け止めたいという考えを評価した。

信頼できることの素晴らしさについての記述

今日の道徳で，友情について考えた。私にも思ったことを言い合える友達がいる。私はどちらかと言えば耕平さんのように悩んだことを言う方が多いが，聞いてもらえると安心できて，またがんばろうと思える。聞いてくれる友達のことを信頼しているから，いろいろ言えるんだと改めてわかった。

「違うんだよ，健司」の学習を通して，悩みを相談できるのは友達のことを信頼しているからだということを再認識しました。自分の友人関係が信頼関係に支えられている素晴らしいものだと気付きました。

悩んでいるときに誰かに聞いてもらうことでカタルシスを得る。そこからまた頑張ろうと思えるのは信頼関係を結んだ相手に聞いてもらえたからということについての理解を評価した。

相手のために言いづらいことを言うことについての記述

相手のためにはっきりといってしまうことが自分でも多いと思う。だけど，それは相手が受け止めてくれたり，自分の言うことにそうだなと思ってくれたりしないと成り立たないんだとわかった。信頼される人になれるよう成長したい。

「違うんだよ，健司」の学習を通して，相手のために言いづらいことを伝えるのは相手がそのことを受け止めてくれるから成り立つものだということを理解しました。自分がよかれと思って伝えたことが相手に届くためには信頼されることが大切だと気付き，その難しさも感じていました。

相手にはっきり物事を言ってしまう人もいる。それはいい結果になることもあるし，その逆もある。相手にはっきり伝えることが相手の受け止め方で変わることについて理解し，信頼されることについて前向きに捉えたことを評価した。

（佐々木　篤史）

1年 相互理解，寛容【B-(9)】

他の立場や考えを受け入れよう

教材：言葉の向こうに

■ ねらい

よりよいコミュニケーションのためには，相手の気持ちを考えた言葉の使い方や，言い方が重要であることを理解させる。特に，互いの顔が見えないインターネット（以下ネット）上でのやりとりでは，一層注意する必要があることに気付かせる。

■ ねらいから見た評価のポイント

コミュニケーションのためには，相手の気持ちを考えた言葉の使い方や，言い方が重要であること，特にネット上では，一層注意する必要があることを理解しているかを評価する。

■ 主題設定の理由

ややもすると人間は，自分の考えだけに固執したり，それを押し通そうとしたりする。特にネットの世界では匿名性があるため，顔を合わせたときよりも言葉遣いが激しくなったり，相手の言葉に激しく反応したりすることもある。もちろん，居ながらにして世界の人々とつながることができる素晴らしいツールではあるが，常にその危険性を意識すべきであろう。そこで，ここでは，自分と違う意見に対してもそれを尊重し，偏狭なものの見方や考え方のない広い心で，適切に発言することの大切さに気付かせたい。

■ 授業づくりのポイント

ネット上で読み手の存在を忘れてしまった本教材の主人公の行動から，コミュニケーションには字面だけではなく，互いに言葉の奥にある思いを理解しようとする態度が大切である点に気付かせたい。そこで，導入で実際のファンサイトの例を掲示し興味・関心を高め，前半の教材を提示した後で，自分たちで書き込みを行うことで，エキサイトしていく主人公の気持ちを体感させる。次に，後半の教材を提示し，「主人公が気付いた『一番大事なこと』」について班内で話し合い，それぞれの意見を発表させることで，主題に迫っていきたい。ともすれば，ネット上の言葉遣いや振る舞いに限定されがちだが，相手の気持ちを考えたり，多様な価値観を認めたり，相手の立場を尊重したりすることが，コミュニケーションの基本的態度であることを理解させたい。

学習指導過程

	学習活動	発問と予想される生徒の心の動き	指導上の留意点
導入	○ファンサイトのサンプルを見る。	・ファンサイトに書き込みをした経験がある人は、いるだろうか。 ・ファンサイトを見たことがある人はいるか。	・批判的、攻撃的な書き込みも紹介する。 ・実際のサイトを掲示する。
展開	①教材「言葉の向こうに」を読む。 ②班別に話し合い、書き込みをする。 ③教材「言葉の向こうに」の後半を読み、話し合う。 （班→全体）	あなたも掲示板に書き込みをしてみよう。 ・ファールだなんて、難癖つけないで。 ・審判が間違えただけでしょう？ 審判が悪いのに、A選手のことを言うことないんじゃない？ ・悪口言うなら、このサイトから抜けてください。 ・挑発に乗らない方がいい。 ・そんなこと言わないで、楽しく見ようよ。 「中傷する人たちと同じレベルで争わないで。」という書き込みを見て、「私」は何を感じただろう。 ・なぜ私が非難されるの。 ・悪いのは悪口を書いていく人。 ・こういうコメントにいちいち返す必要はなかった。 「私」が明るい声になったのは、どんなことに気付いたからか。 ・「言葉の向こうに」相手の顔を思い浮かべることが大事だ。 ・自分の言いたいことだけでなく、相手のこともじっくり考えることが大切。 ・ネット上でのやりとりでは、一層言葉の使い方に注意する必要がある。	・掲示板に似せたワークシートに、記入させる。 ・実際の掲示板のように、枠を掲示し、生徒に書き込みをさせる。 ・批判されると、つい反論したくなる人間の心理を体感させる。 ・まず個人で考え、その後班内で意見交換させることで、さらに考えを深めさせる。 ・班の中で討論させ、班の意見として代表者に1つ発表させる。
終末	○自分の考えをまとめ、発表する。	○今日の学習で分かったことを書こう。	・学習について振り返らせ、自分の学びを整理させる。 ・日常生活での実践を想定させる。

教材の概要

ヨーロッパのサッカーチームのファンである加奈子は，ファンサイトでの心ない書き込みに怒り，ひどい言葉で応酬してしまう。徐々にエスカレートする言葉を発する加奈子に「言葉の向こうにいる人々の顔を思い浮かべてみて。」と諭す書き込みで，コミュニケーションの基本に気付く。

授業の実際

〈学習活動③以降〉

> 発問　「中傷する人たちと同じレベルで争わないで。」という書き込みを見て，「私」は何を感じただろう。

S　自分は悪くない。
S　なぜ私が責められるのか，分からない。
S　悪いのは悪口を書いていく人。
S　なぜ黙ってなきゃいけないの。
S　途中から自分も悪いことを言っちゃったな。
S　いちいち返事をする必要はなかったな。
T　そうだね。皆もさっきは，売り言葉に買い言葉で，ずいぶんきつい言葉を書いていたけれど，この書き込みを見て，ちょっと言い過ぎたかなと思った人もいたのかしら？
S　私も一緒に悪口を書き込んでいたけれど，もう争うのはやめようと思いました。

> 発問　「私」が明るい声になったのは，どんなことに気付いたからか。

S　相手の書いた字面だけにとらわれてはいけない。
S　顔の見えない相手の挑発に乗らないこと。
S　直接会って話すよりも，気を付けて話さなければはらないこと。
S　たとえけんかをしそうになっても，和解できるように，お互いに冷静に発言する。
T　ただ感情に流されて発言するだけでは，だめだということですね。
S　ネット越しにいる人の顔を考えて発言する。
S　想像するってことだよね。
T　本当に伝えたいことを伝えるためには，どうしたらいいでしょうか。
S　冷静に，論理的に文章を作る。

S　相手の気持ちをよく考える。
T　お互いに気を付けていかなければならないんですね。それって，ネットの中だけの話かしら。
S　普段から，相手の話すことを尊重して，むやみに否定しないことも大事かな。

> **発問**　今日の学習で分かったことを書こう。

S　ネットの中とはいえ，直接話すときと同じように，相手の気持ちや「これを言ったらどうなるかな」と考えることが大事だと思いました。
S　人によって気持ちは違うんだな。挑発に乗ってはいけない。
S　ネットっていうものは，使い方によって変わってくることが分かった。
S　ネットを通してのコミュニケーション方法が分かった。
T　ネットのことを言ってくれた人が多かったのですが，普段の生活ではどうでしょうか？
S　普段の生活でも，この発言で人を傷つけないか，しっかり考えていかなければならないと感じました。
S　その場の気持ちでヒートアップせずに，冷静になって話したり書いたりすることが大切だと感じました。
T　なるほどね。その場の雰囲気や感情に流されては，良好な関係を築けないということでしょうか。皆さん，よく考えていましたね。

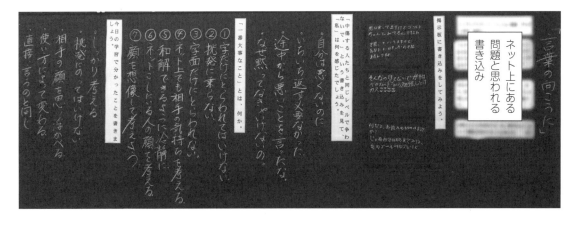

道徳ノートの記述と評価文例

インターネットにおける表現に関する記述

アンチなどの書き込みを何回か見たことがあるけれど，関わらなくて良かったな，と思いました。ネットでの表現には気をつけて，言ってよい言葉かどうか，よく考えて発言したいと思います。

評価文例

「言葉の向こうに」の学習を通して，インターネット上の自分の発言では，言ってよい言葉かどうか十分注意していかなければならないことをよく理解しました。

Point

顔の見えないネット上のやりとりは，誤解を生じやすいので言葉遣いに十分注意する必要があることに気付いたと評価した。

コミュニケーションにおける相手の気持ちに関する記述

人のことを考えず，相手の傷つく言葉を発してしまうと，それを見た周囲の気持ちも不快にしてしまう。何か，発言をする時には，この言葉で人を傷つけないか，しっかり考えることが大事だと感じました。また，悪口の言い合いをしている時には，それを止めるような言い方をすると良いと思いました。

評価文例

「言葉の向こうに」の学習を通して，コミュニケーションをするときには，相手の気持ちや状況をよく考え，言葉で人を傷つけないことが重要であることをよく理解しました。

Point

ネットの中だけでなく，普段の生活でコミュニケーションをする際にも，相手の気持ちを想像し，傷つけないかどうかを考えることが重要だとの認識をもっている点を評価した。

人間関係と発言に関する記述

今までアンチコメントを見てイライラしていたが，世の中には色々な人がいて「アンチはつきもの」と考えて，冷静になることが大切だと思った。自分も発言する時には，相手のことや周りの人の事を考えて，挑発に乗らず，人を傷つけないような発言をするべきだと思った。そうすれば，トラブルも起きにくいと思う。

「言葉の向こうに」の学習を通して，人間関係を維持していく上で，冷静に物事を見つめ相手や周りのことを考えて，人を傷つけないように発言していくことの重要性に気付きました。

世の中には様々な考えの人がいて，いちいちそれに反応するのではなく，冷静に考えて発言することが人間関係を維持していく上で重要である点に気付いたことを評価した。

言葉の表現と思いや気持ちに関する記述

言葉に表された事だけでは，本当の人間の考えや人間性は分からないということが分かりました。言葉の奥にある思いや気持ちを理解しようと努力する事も必要だな，とも感じました。それには，他の人の発言だけで判断するのではなく，なぜそういう発言をしたのかをよく考える事が大事だと思いました。

「言葉の向こうに」の学習を通して，相手を理解するには言葉だけではなく，その言葉の奥にある思いや気持ちを理解することが必要だということに気付きました。

相手を理解するには，言葉に表れた表現だけではなく，その発言の底にある気持ちを理解することが人間関係の構築には必要だと理解した点を評価した。

（蒔田　久美子）

3年　遵法精神，公徳心【C-(10)】

きまりを守る意味について考えよう

📖 教材：二通の手紙 📖

■ ねらい

　結果の良し悪しやそのときの状況と規則が関係ないわけではないが，規則には規則の意義があることを理解させる。

■ ねらいから見た評価のポイント

　ただ単にきまりだから守るのではなく，規則の意義を意識し，相手や自分自身の生き方を尊重していくことへの理解の深まりを評価する。

■ 主題設定の理由

　規則は人が何らかの目的でつくったものであり，規則を守るよりも大切なことは，いくらでもある。しかし，そのときの感情で規則を守らなかったり，その結果がたまたまよかったりしたからといって規則を守らなくてもよいということにはならない。本時は規則の意義について生徒一人一人の考えを深めたい。

■ 授業づくりのポイント

　この授業では，生き甲斐でもあった動物園職員という仕事を結果として辞めることになった元さんの最後が晴れ晴れとしたものであったことに焦点を当てる。そのために二通の手紙のそれぞれの意味を考えさせることが不可欠である。やっとの思いで動物園に訪れた姉弟を，規則だからと入園させないという考えに冷たさを覚える生徒もいるであろう。その後，届いた母親からの手紙でやはり入園させるべきだったんだという確信にもなることも考えられる。しかし，もう一通の手紙である懲戒処分を伝える文書の存在も忘れてはならない。自分の判断により，もしかすると何よりも大切にしたかった姉弟の幸せを奪いかねない事態を招いていたかもしれないということにも目を向けさせ，動物園のきまりがただ単に守らせるためのものではなく，かけがえのないものを守るためのものであったことへの理解を深める。

学習指導過程

	学習活動	発問と予想される生徒の心の動き	指導上の留意点
導入	○本時の課題を知る。	・なぜ私たちの生活の中には多くのきまりがあり，それを守らないといけないのだろうか。今日はそのことについてみんなで考えよう。	・本時の主題への方向づけをする。
展開	①教材を読む。 ②入園を許可した元さんの気持ちについて考える。	元さんはどのような気持ちで姉弟を入園させたのだろう？ ・本当はだめだけど，かわいそうだ。 ・せっかくの誕生日だから見逃してあげよう。 ・何か事情があるに違いない。力になってあげたい。	・全文を通読する。 ・規則違反と知りながらの判断であったことを確認し，元さんの姉弟への思いを押さえる。
	③規則違反をしたことの影響を考える。	全職員で姉弟を捜索することになった。このことについてどう思うか。 ・もしかしたら姉弟の命に関わっていた。 ・多くの人に迷惑をかけている。 ・取り返しのつかないことになるところだった。	・元さん1人の判断が，姉弟や職員など多くの人に影響することを考えさせる。
	④規則を守る上で見逃してはならないものを考える。	もしも一通目の手紙しか届かなければ，元さんが勘違いしていたかもしれないこととはなんだろう。 ・規則は破っても，姉弟や母親がこんなにも喜んでくれた。 ・規則は守れないことがあっても，人の幸せにつながる。 ・これからも来園する人の気持ちを優先して働いていこう。きまりより大切なものがある。	・③で考えた重要な事実を見逃してしまうところだったことへの理解を深めさせる。
	⑤元さんの晴れ晴れとした表情が意味するものを考える。	元さんが晴れ晴れとした顔で動物園を辞めることができたのは，どちらの手紙のおかげか。それはなぜだろう。 ・両方の手紙。母親の手紙から子供に対する愛情を知り，懲戒処分の通告によりそれを奪うところだったことを確認したから。 ・両方の手紙。来園者の幸せが第一だったはずなのに取り返しのつかないことになっていたかもしれないと気付くことができたから。	・一通だけでは，悔いが残ったり，正しい生き方ができなかったりしたことに気付かせる。 ・規則の意義を再認識し，自分を見つめ直した元さんを捉えさせる。
終末	○道徳ノートを書く。	○今日の学習で分かったことを書こう。	・学習について振り返らせ，自分の学びを整理させる。

教材の概要

元さんは動物園の職員として，その勤勉さを買われ定年後も勤務し続けていた。ある日，幼い姉弟が2人で動物園を訪れる。家庭の事情で保護者の同伴がないことは明らかであった。そんな2人の気持ちを汲んで，規則違反と知りながら2人を入園させてしまう。その後，元さんの元には，姉弟の母親からの感謝と動物園側からの懲戒処分という二通の手紙が届く。

授業の実際

〈学習活動③以降〉

> **発問** 全職員で姉弟を捜索することになった。このことについてどう思うか。

S 池の近くにいたから，もしかしたら命に関わることになっていたかも。
S もし姉弟が命を落としていたら母親はどうなってしまうんだろう。
S 他の職員にもすごく迷惑や心配をかけている。
T そうですね。そもそも元さんが規則を破ったのは，このようなことを望んでいたからなのでしょうか？
S 違う。姉弟に喜んでもらいたかっただけ。
S 少しでも幸せな時間を過ごしてもらいたかったんだと思う。
T なるほど。元さんが願っていたこととは逆のことになってしまうところだったんですね。

> **発問** もしも一通目の手紙しか届かなければ，元さんが勘違いしていたかもしれないこととはなんだろう。

S 規則は少しくらいなら破っても，人々の幸せにつながると思ってしまう。
T お母さんはとても感謝しているし，子供たちもとても喜んでいたからね。
S これからも来園する人の気持ちを一番にしていくと思う。
S いつか事故になるよ。今回はたまたま無事だったということでしょ？
T 危険な勘違いにつながるかもしれないですね。
S きっとみんなで必死に捜索したことも忘れちゃうよ。
S 規則は大切だけど，それよりももっと大切なことがあるんだ。
T （学習活動③の板書を示して）さっき考えたところですね。ここは忘れてはいけないところでしたね。

> **発問** 元さんが晴れ晴れとした顔で動物園を辞めることができたのは，どちらの手紙のおかげか。それはなぜだろう。

S 一通だと勘違いや悔いだけが残る。
S 懲戒処分の手紙だけだったらがっかりするかもしれない。
S それだったら納得がいかないよ。
T そうですね。よかれと思ってやったことだったからね。
S 二通ないとすっきりしないのかな。
S 母親の手紙はその家族がとても幸せになったということが伝わってくる。でもその幸せをもう少しのところで奪ってしまうところだったかもしれないと二通目が教えてくれている。
S そうか。そんなことになったら大好きなこの仕事のことも嫌な思い出になるね。
S 自分にとっても相手にとっても大事なものを失いかけていたんだ。
S だからこのきまりがあるのか。
T 元さんは，何に気付いたから晴れ晴れとできたのだろう。
S 自分が間違っていたこと。
S 自分の勝手な判断で大切な規則を破ってしまったこと。
S 規則は，簡単に破ってはいけない大切なものがあること。

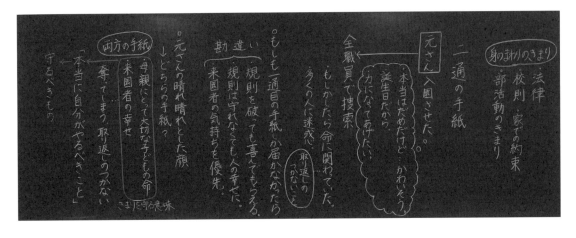

道徳ノートの記述と評価文例

きまりについての新たな認識に関する記述

　僕は，入園時間や保護者の同伴は守るべきだと思いました。それは，一つ例外を認めるとどんどん認めないといけなくなると思ったからです。きまりは守らなければ意味がありません。でも，今日の授業では，自分にとっても相手にとってもかけがえのないもののためにもきまりがあることがわかりました。

評価文例

　「二通の手紙」の学習を通して，きまりについてこれまで以上に深く捉え，考えることができました。さらにきまりがかけがえのないものを守るためのものであるという意義を認識していました。

Point

　これまでの自分の中にあった「きまり」についての価値観に加え，きまりがかけがえのないものを守るためにあるものであることを認識したことを評価した。

自分の中の葛藤を通してのきまりを守ることの大切さについての記述

　今日の授業で，きまりも大事で姉弟の気持ちも大切にしてあげたくて悩みました。入園を断ったらどんなに悲しむだろうと思ったからです。あまりにも冷たい対応になってしまうと思いました。でも，「子どもたちが事故に遭ったらお母さんは……」という意見を聞いてすごく考えさせられました。何よりも大事にしたかった姉弟の幸せがもしかしたらなくなっていたかもしれない。周りへの影響も考えてきまりを守っていくべきだと思いました。

　「二通の手紙」の学習を通して，きまりが義務としてだけでなく周りの人々の幸せを守るものであり，自分だけのものではないことに気が付くことができました。

　きまりが人々の幸せを守るためのものであり，そのために，みんなで守らなければならないことに気が付いたことを評価した。

きまりをみんなで守ることの意味についての記述

今日の道徳で，きまりに意味があるのではなくみんなで守るということが大事だと感じました。元さんは悪気があったわけではないのに，結果として取り返しのつかないことになりかけていました。それはきまりを守ることの本当の意味を理解していなかったからです。二通の手紙でそのことがわかったのだと思います。これからはそのことを忘れずに前に進んでいくんだと思います。

「二通の手紙」の学習を通して，きまりはみんなで守ってこそ意味があるということ，きまりを守ることの意味について深く思いを巡らせていました。

規則そのものの意味ではなく，規則を守ることの意味について自分の考えを深めたことを評価した。

きまりには意味があるという記述

どうしても姉弟たちを喜ばせてあげたいなと思いました。入園させればすごく喜んでくれるに違いないと考えていました。でも命に関わらなくても，怪我をしたとしたら悲しませてしまうことになります。そこまでは考えていませんでした。きまりは何か意味があって存在しているんだと思います。校則などにも意味があるのかもしれないと思いました。

「二通の手紙」の学習を通して，どんなきまりにも，何らかの意味があるのだという点について深く考えることができました。それは，校則にも当てはまるかもしれないと理解を広げました。

規則には，どれも意味があるということについて理解を深めたことを評価した。

（桑代　かほり）

3年 公正，公平，社会正義【C-(11)】
いじめる側からいじめについて考えよう

教材：卒業文集最後の二行

ねらい

正しく生きるべきだと願う自分の気持ちを抑え付けて，公正ではない行為をしてしまった自分のことを，自分自身が最も恥ずかしく情けなく思い，苦しんでいることを理解させる。

ねらいから見た評価のポイント

人をいじめるという行為が実はその人自身も苦しめているということから，本当は誰も望んでいないいじめを止められる世の中をつくりたいという方向での理解の深まりを評価する。

主題設定の理由

いじめはどこにでも起こりうるものである。そこにはいじめる側の人間の弱さが見え隠れしている。いじめはいけないことだと頭では分かっているが，周りの雰囲気に流されてしまい，正しい行動が取れなくなる。それは，弱さから自分を守るために取ってしまう行動でもある。いじめの加害者も傍観者も，被害者が苦しい立場に置かれることは分かっていながらも，偏った正義の実現のためや不満のはけ口として，または自分がその立場に置かれることを恐れて，様々な理由でいじめという行動に走ってしまう。しかし，その行動で苦しむのは被害者だけでなく，いじめた本人たちも罪悪感で苦しむ。誰もが苦しく辛い思いを味わってしまういじめをなくし，公正な社会をつくっていくことが大切だということを理解させたい。

授業づくりのポイント

「いじめられている人がかわいそう」や「見ているだけでも止めないといじめになる」など，言葉ではいじめがダメだということを理解しているが，そのときは正義を振りかざしている加害者の側も，一旦客観的に自己を見つめる機会を得れば，自身の過ちに気付く。いじめは誰のためにもならないということを，普段は反省をしないような性格の私が30年間も忘れずに苦しんでいるということから理解を深めたい。

学習指導過程

	学習活動	発問と予想される生徒の心の動き	指導上の留意点
導入	○いじめに関わる人で誰が辛い思いをしているか考える。	・いじめがあったとしたら，辛い人は誰だと思うか。 　・被害者　・見ている人　・保護者　・先生	・加害者が辛いのかどうかという視点をもたせ，本時のねらいに向けての方向づけをする。
展開	①教材を読む。		・全文を通読する。
	②私が忘れられない理由について考える。	30年以上も経った今も，私がＴ子の一件を忘れることができないのは，どうしてか？ ・Ｔ子を傷つけてしまったから。 ・Ｔ子に謝ることができなかったから。 ・自分が悪かったと言えなかったから。 ・自分にウソをついたから。	・後悔や心残りの中身について説明させ，Ｔ子をいじめたことを今も悔やんでいる私を捉えさせる。
	③私が苦しんでいる理由について考える。	このことが今も私を苦しめているのは，私の中にどんな気持ちがあるからなのか？ ・そのことと向き合おうという気持ち。 ・罪悪感，謝りたい気持ち。 ・Ｔ子をかわいそうと思う気持ち。 ・人をいじめることは悪いことだという気持ち。	・人間の心の中に正しいことをしたい気持ちがあるからこそ苦しむことを捉えさせる。
	④いじめのない世界がどんな世の中かについて考える。	今，私はどんな世の中になればよいと考えているのだろうか？　それはなぜか？ ・偏見や差別がない世の中。 ・みんなが言いたいことを言える世の中。 ・正義を実現できる世の中。	・正義の実現が可能な社会にするために何が大切かを説明させ，分かっているが実現できない人間の弱さがあるからこそ，それを支える社会の必要性を捉えさせる。
終末	○道徳ノートを書く。	○今日の学習で分かったことを書こう。	・学習について振り返らせ，自分の学びを整理させる。

教材の概要

このクラスには貧しい家庭のＴ子をバカにする雰囲気がある。Ｔ子がカンニングの疑いをかけられたときに，彼女への激しい攻撃に発展してしまう。カンニングの張本人である私は，本当のことを言えないばかりか，彼女に罪をなすりつけ，より厳しいことを言ってしまう。30年以上も経った今私は，この出来事に苦悩している。

授業の実際

〈学習活動③以降〉

> 発問　いろいろな後悔や心残りの理由が出たけれど，Ｔ子との一件が今も私を苦しめているのは，私の中にどんな気持ちがあるからなのだろうか。

S　Ｔ子のことをかわいそうに思っている。
T　かわいそうというのは同情ですか？
S　同情……どうだろう。Ｔ子の気持ちを考えると，貧しいけど強いプライドをもって前向きに生活してたんだと思う。けど，そのプライドを否定してしまって，人としてひどいことをしてしまった感じで申し訳ない気持ちかな。
T　人としてひどいことをしたということを悔やんでいるんですね。
S　この出来事を清算したいっていう気持ち。
T　どうやって清算したいんでしょうか。
S　私は謝りたいと思っている。
S　（別の生徒が）謝りたいけど，謝れるのかな。
T　どういうことですか。
S　Ｔ子は謝ってほしいか分からないし，許してくれるかどうかも分からない。
T　私は「謝罪したい」んですか，「許してほしい」んですか。
S　（しばらく沈黙が続いてから）謝罪したいんだと思う。Ｔ子にひどいことをしてしまったのにそれを告白できなくて，今も苦しんでいるんだと思うから。
S　苦しんでいるから，許してほしいんじゃないのかな。
S　私もどっちかと言えば許してほしいの方だけど，自分が苦しい思いをしている以上にＴ子が苦しい思いをしているから，許せるようになっていればＴ子は苦しみが和らいでいると思う。
T　自分が苦しみから解放されたい気持ちもあるし，Ｔ子さんを苦しみから解放したい気持ちもあるんですかね。

> **発問** 30年近く苦しんでいる私が，みんなが出してくれた気持ちをもっているとすれば，今，私はどんな世の中になればよいと考えているのだろう。

S　偏見や差別がない世の中。
T　それはどうしてですか。
S　T子は汚い服装だけで判断されてしまっていて，T子自身を見てもらっていないから。
T　自分自身を見てもらえないのは……。
S　苦しいし，傷ついてると思う。
T　なるほど，他には？（他の生徒に意見を聞く）
S　人を傷つけてしまうと，それは後から元に戻すことはできない。
T　なるほど。やり直せないから？
S　やり直せないからこそ，人を大事にできる世の中にしたい。
S　みんなが素直にものを言える世の中がいい。私だけじゃなくT子を責めるのが違うって思ってた人もいたと思う。そういう人たちが意見を言えるのがいい。
T　そういう人はT子をかばいたいけど，かばえない雰囲気があったんですね。
S　勇気を出せば，みんなのT子を責める雰囲気にのっかるのは避けられた。悪を減らせる世の中がいい。
T　悪を減らせるということは，どういうことですか。
S　私が本当のことを言えなかったみたいに，みんなが完璧な正義にはなりきれないと思うから，みんなが悪を少しでも減らせると過ごしやすくなるんだと思う。だから，強い気持ちでいじめを止めないといけない。
T　さっき出てた雰囲気を打ち破るためにも強い気持ちが大事なんですね。
S　1人だけだと，その人がいじめられるかもしれないからうまくいかないかもしれない。みんなで悪を減らすのが大事だと思う。
T　悪を減らすっていうのは，みんなで取り組むということなんですね。

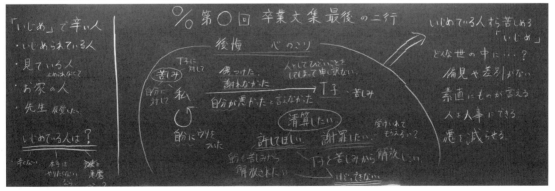

■ 道徳ノートの記述と評価文例

加害者も苦しんでいることを理解したことについての記述

生徒のノート

　今日の授業で考えるまで，いじめをしている側が苦しんでいるということは思いもよらなかった。やってしまったときも苦しいし，その後もずっと苦しみ続けるのはいいことが全然ないと思った。「いじめはいけない」ことの新しい理由を見つけることができた。

評価文例

　「卒業文集最後の二行」の学習を通して，いじめでは実は加害者の側も苦しい思いをしているということを理解していました。やってしまった瞬間だけでなく，後悔がずっと続くことから，いじめがいけない理由を見つけていました。

Point

　いじめで苦しんでいる人の中にいじめをした本人は含まれていないと思われがちだが，実際には加害者も苦しむという新しい視点に気付いて，いじめがいけない理由としたことを評価した。

いじめは誰も望んでいないということに関する記述

生徒のノート

　いじめる側は，その時は楽しく思ったりしているかもしれないけど，そのことがむしろ自分を苦しめることになるんだとわかった。結局はだれもいじめることで得をしないし，望んでいないということだと思う。みんながない方がいいと思っているんだからなくなればいいのに。

評価文例

　「卒業文集最後の二行」の学習を通して，いじめる側も自分を苦しめることになるから，いじめは誰も望んでいないということを理解しました。誰も望んでいないものだから，いじめのない世の中の実現について考えました。

Point

　傍から見ていると一見いじめている方は楽しんでいるかのように見えるが，今回の学習を通していじめをしていた側も苦しんでいることから，実はいじめに関わる全ての人がいじめを望んでいないということについて理解したことを評価した。

公正な社会をつくることについての記述

　〇〇君の「正義にはなりきれないから，悪を減らせる社会にしたい」という意見を聞いて，いじめってダメだってわかっているけど起こってしまうから，そのきっかけを少しでも減らせる社会にするためには，勇気を出すことが大事なんだと思った。

評価文例

　「卒業文集最後の二行」の学習を通して，クラスメイトの発言から自分の考えを深め，いじめを起こさないためにそのきっかけを減らしていく勇気を出すことが大事だと理解しました。いじめがダメだと分かっているが起こってしまうことからその難しさも感じていました。

Point

　公正な社会をつくることを，分かっているからできるのではなく，その実現の難しさに気付いたことを評価した。また，他の人の意見から考えた多面的・多角的に考察した部分を評価した。

いじめの辛さについて考えた記述

　今日の話を読んで考えていたら，私の気持ちが痛いほどわかった。ここまでひどくはないけど，自分がやったことを思い出すと胸が痛む。いじめをした方も辛いが，やっぱりいじめられた方はもっと辛い。これからできることは，しないこと・させないことだと強く思った。

評価文例

　「卒業文集最後の二行」の学習を通して，いじめをしてしまった私の苦しみを自分のこととして捉え，いじめは全ての人を苦しめることを理解しました。これからいじめをしない・させない強い気持ちを発揮できることを期待します。

Point

　いじめをした側の苦しみに自我関与し，いじめの悲惨さを実感的に捉えたことを評価した。実感しているからこそ，文末の強い思いを勇気付けられるよう期待を込めた。

（佐々木　篤史）

2年　　　　　　　　　　　　　　　勤労【C-⒀】

働くことやボランティア活動を支える心を考えよう

　　　　📖 教材：私のボランティアの原点 📖

■ ねらい

　働くことやボランティア活動を支えるのは，感謝されたいとか喜んでほしいという心もあるが，それ以上に誰かのために役に立ちたいという心が大きいことに気付かせる。

■ ねらいから見た評価のポイント

　働くことやボランティア活動を支えるのは，感謝されたい，喜んでほしいなどの精神的な見返りだけではなく，誰かのために役に立ちたいという心であり，精神的な見返りを超えた心であることへの気付きを評価する。

■ 主題設定の理由

　よりよい社会の形成には，社会を構成する一人一人が，働くことや社会に奉仕することの充実感を味わい，人は共に手を携えて生きる存在であることに気付くことが大切である。働くことの社会的意義を見出すことができ，働くことが自分の人間的成長につながることが分かると，人は自分にできることを主体的に探すようになる。これは，よりよい社会の実現に近づくとともに，自らの人生を輝かせてよりよく生きることにつながっていく。ボランティア活動は災害時等に話題に上がることが多いが，この活動は被災地のニーズと人の役に立ちたいという思いと行動が一致したことにより味わえる充実感に支えられている。ボランティアに携わる人たちの多くが「無償でも行いたい」と口にするのは，正に人の役に立つ充実感が金銭では得難いものであるからであろう。働くことの原点の１つは金銭の授受に限らずこのような心であることに気付けるようにし，働くことの意義について理解を深められるようにしたい。

■ 授業づくりのポイント

　ボランティア活動をはじめ，働くことはよいことであることが前提として話が進められることが多いが，その意義について考える機会はそれほど多くない。そこで，この授業ではボランティア活動に対する意識の影の部分にも焦点を当て，感謝されたい，喜んでほしい心が満たされなかったとしたら主人公はどのように感じたのか，活動の中で感じた苦しさを乗り越えることができた要因は何かを考えさせ，働くことの意義についての考えを深める。

学習指導過程

	学習活動	発問と予想される生徒の心の動き	指導上の留意点
導入	○本時の課題を知る。	・働くことの原動力はなんだろうか。 ・ボランティア活動の原動力との共通点はあるか。	・社会で働くこととボランティアを対比させ、共通点を考えさせる。
展開	①教材を読む。		・全文を通読する。
	②主人公のボランティア活動に対する考えの変容について考える。	私は最初、ボランティア活動についてどのように考えていたのか。 ・自分にはできることなんてない。 ・何かしたい気持ちはあるが何をしたらよいか分からない。	・ボランティア活動に対する最初の思いを捉えさせることで、最後の場面での変容を捉えやすくする。
	③活動の中で主人公が感じた大変さや充足感を考える。	何度もやめて帰ろうと思ったのは、なぜか。 ・除雪活動が思った以上に大変だったから。 ・大変な仕事なのに、誰からも感謝されたり認めてもらえたりしていないから。 おばあさんとの出会いを通して、私が気付いたことは何か。 ・大変な思いをしたけれど、私でも人の役に立つことができた。 ・大変な活動以上に、役立てたことがうれしい。	・主人公が感じた大変さに焦点を当てることで、この後、それを乗り越えた原動力となる心を考えやすくする。 ・主人公が感じた充足感や次の活動へと向かう原動力は、人の役に立った喜びであることを押さえる。
	④大変な活動を乗り越えてまでもボランティアを続ける主人公の心を考える。	私がボランティアについてはじめに考えていたことと、今は何が変わったのだろうか。 ・自分ができることはないと思っていたけれど、こんな私でもできることがある。 ・これからも、このような活動を続けて、少しでも人の役に立ちたい。	・前出の意見をもとに主人公の変容を問いかけ、感謝されたいという思い以上に人の役に立つ喜びが今の主人公を支えていることに気付けるようにする。
終末	○道徳ノートを書く。	○今日の学習で分かったことと、これからやっていきたいことを書こう。	・学習について振り返らせ、自分の学びを整理させる。

教材の概要

現在もボランティア活動を続けている主人公が，活動を始めるきっかけを自ら語る話である。中越地震の際，自分にできる何かをしたいと除雪ボランティアに参加した主人公は，想像よりも過酷な活動に参加したことを後悔する。しかし，活動後の達成感や被災した方との交流で感じた人の温かさを通して，参加してよかったという思いを抱く。

授業の実際

〈学習活動③以降〉

> **発問** 私が何度も活動をやめて，帰ろうと思ったのはなぜか。

S 思った以上に作業が大変だったから。
S こんな思いをするためにここに来たのではないと思ったから。
S やってもやっても終わらない活動は辛い。しかもボランティアだからお金がもらえるわけでもないから。
S 私1人がやっても……という気持ちがあった。周りの目がなければやめていたかもしれない。
T なるほど。仕事なら対価としてお金がもらえるからやめるわけにいかないかもしれないけれど，ボランティアは自由な活動ですからね。では，やめなかったのは周囲の目があったからということですね。
S それもあったと思う。
S でも，終わってみて除雪された雪を見たら，大変だったけれどやってよかったと思えたと思う。お礼も言ってもらえたし。
T 活動後に出会ったおばあさんも，私に影響しているのかもしれないですね。

> **発問** おばあさんとの出会いを通して，私が気付いたことは何か。

S 大変な活動だったけれど，やったことは人に感謝してもらえることに気付いた。
S おばあさんの言葉を聞いて，初めて自分がやったことの価値が分かった。
S おばあさんに感謝されて，人の役に立ったという実感が湧いた。
T そうか，おばあさんとの出会いが（前出の意見を指して）私のこのような思いを引き出したということですね。では，おばあさんと出会わなかったら，私は二度とボランティアをする気持ちにはならなかったでしょうか。

S　（しばらく考えて）そうかもしれない。
S　それもあるかもしれないけれど，誰かの役に立ちたいという気持ちがあれば，またやろうと思えると思う。
S　おばあさんと出会ったことで役に立った実感が湧いたと思うから，やっぱりおばあさんとの出会いは今の私につながっていると思う。

> **発問**　私がボランティアについてはじめに考えていたことと，今の考えは何が変わったのだろうか。

S　自分にはできないという思いから，小さな力も集まれば大きな力になることに気付けた。
S　もっとボランティアを続けて，人の役に立ちたいと思えるようになった。
S　最初はほめられたいとか感謝されたいという気持ちもあったと思うけれど，そういう気持ちよりももっと違う気持ちが大きくなったと思う。
T　違う気持ちってどんな気持ちだろう。
S　被災地の人に喜んでほしいという気持ち。
S　被災地の人の笑顔を守りたいという気持ち。
S　少しでも人の役に立ちたいという気持ち。
T　なるほど，このような気持ちが後押しして，今も私はボランティアを続けているのですね。タイトルの「私のボランティアの原点」はなんだと思いますか。
S　人の役に立ちたいという気持ち。
S　みんなの幸せを願う気持ち。

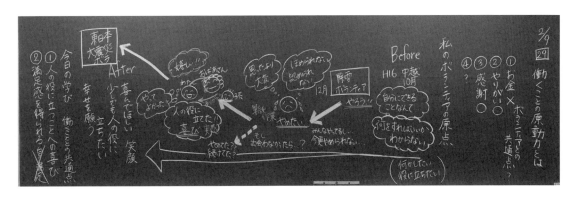

道徳ノートの記述と評価文例

働くことの意義に関する記述

今日の学習で，働くこととボランティア活動との共通点は，誰かの役に立ちたいという気持ちであることがわかりました。生活のためにお金は必要ですが，その仕事が誰かを苦しめていたら満足感は得られないと思います。自分を必要としてくれる人がいて，その人たちの役に立ちたいという思いがあるからこそ，人は働くのではないかと思いました。

評価文例

「働くこととボランティア活動との共通点は何か」というテーマから，誰かの役に立つ喜びが満足感につながり，仕事や活動を続ける原動力となっていることに気付くことができました。

Point

働くことの意義を本時の学習とつなげて考え，どちらも誰かの役に立つ喜びが根本にあることに気付いたことを評価した。

働くことのよさに関する記述

今日の学習で分かったことは，働くこととボランティア活動には共通点があり，その一つが人の役に立ち満足感を得られることだということです。ボランティアは偽善だと思っていましたが，すべて偽善というわけではなく役立つ喜びが活動を支えていることもあるように思いました。働くなかでもそのような気持ちをもてたら幸せだと思いました。

評価文例

働くこととボランティア活動の共通点を考える中で，働くことを通して人の役に立ち満足感を得られることが自らの幸せにもつながることに気付くことができました。

Point

働くことやボランティア活動に対する考え方を広げ，人の役に立つことが満足感につながり，さらに自分の考え方の幅を広げることに気付けたことを評価した。

ボランティア活動を支える心に関する記述

　今日の道徳で、働くことやボランティアを支えているのは、褒められたいとか「ありがとう」という心だけではなく、誰かの役に立ちたいという心と、役に立ったという喜びであることがわかりました。感謝がなければ次の活動には繋がらないと思いましたが、一度そのような経験をすれば感謝がなくてもその人はボランティアを続けると思いました。

　「私のボランティアの原点」の学習を通して、たとえ感謝が目に見えなかったとしても、人の役に立つ喜びを感じられることが、働くことやボランティアをする原動力になることに気付くことができました。

　ほめられたい心や感謝を求める心を乗り越えて、人の役に立つ喜びが働くことやボランティア活動を支えていることに気付いたことを評価した。

主人公の生き方に共感する記述

　わたしは今日の学習を通して、主人公の行動力は素晴らしいと思いました。「何かやりたい。」という気持ちをずっともっていたからこそ最初のボランティアが実行でき、それがあったから今の自分があるということに感動しました。その行動力を支えたのは「人の役に立ちたい」という気持ちで、ボランティアをする前からずっとそのような気持ちをもっていたのだと思います。わたしも、自分にできることを行動に移し、実行していきたいです。

　「私のボランティアの原点」の学習を通して、主人公の「人の役に立ちたい」という気持ちを原動力とした一連の活動に共感し、自分もそのように行動したいという思いをふくらませることができました。

　主人公の過去と今を対比して、今の主人公をつくり上げた原点は「人の役に立ちたい」という気持ちであることに気付き、その生き方に感動していることを評価した。

（瀬戸山　千穂）

1年　家族愛，家庭生活の充実【C −⒁】

家族が関わり合い，支え合うことの意味や家族の絆について考えよう

教材：一冊のノート

ねらい

老いて衰えていく祖母（家族）に対して，その時々は腹を立てたり，きつい言葉を言ったりすることはあるが，家族の誰もが祖母を理解し，敬愛し，感謝していることに気付かせる。

ねらいから見た評価のポイント

家族がお互いに深い愛情で結ばれていることを自覚し，家族に感謝し，家族の一員としての役割を担うことが，充実した家庭生活を築くことにつながるという理解の深まりを評価する。

主題設定の理由

中学生の時期は自分の判断や意志を重んじたいという自立への意識が強くなってくる。家族との関係が深い分，そうした気持ちから家族と距離を置こうとしたり，反抗的な態度に出たりする面も見られる。また同時に，年齢とともにできることが増え，家族の一員としての役割を担うことで，その大変さと家族のありがたさが分かってくることもある。自分と家族との関わりを振り返りながら，家族の深い愛情の上に今の自分があることを自覚し，家族に感謝しながらお互いが支え合うことで，より充実した家庭生活を築いていかなければならないということを理解させたい。

授業づくりのポイント

主人公の「僕」が抱く様々な思いに共感させながら進めたい。その中で，祖母との確執を経て変化していく「僕」の気持ちを捉えていくだけでなく，老いて衰えていく祖母の今の状態を，息子である「僕」の父はどんな気持ちで見守り，どのように「家族」の在り方を捉えているのかという視点を加えて議論することで，家族のつながりを意識しながら，「僕」が祖母との関係に悩みつつも祖母への理解を深めていった過程を通して，家族は深い愛情と絆で結ばれていること，互いに支え合っていることに気付かせる。

学習指導過程

	学習活動	発問と予想される生徒の心の動き	指導上の留意点
導入	○本時の課題を知る。 家族について考える。	○「家族」とは、どのような存在だろうか。 （自分の支えになる・大切だが面倒くさい存在） ○家族とのつながりについて考えていこう。	・本時が家族についての学習であることを意識させる。
展開	①教材を読む。 ②祖母との間で起こる問題に対する「僕」と弟の気持ちについて確かめる。 ③「僕」たちの話を聞いて、子供たちに今の祖母の様子と自分の思いを伝えた「父」の気持ちを考える。 ④父の話を聞いた後、「分かっているよ、だけど……。」と言った「僕」と弟の気持ちを考える。 ⑤祖母と並んで黙って草取りをしている「僕」の気持ちを確かめる。	学校帰りに祖母を見かけた「僕」や、買い物を頼んだ弟は、どのような気持ちで祖母を見ているのだろうか。 ・祖母が人に笑われるのを見たくない。 ・しっかり者の祖母からは信じられない。 ・祖母のせいで自分が迷惑をかけられるのは嫌だ。 祖母の今の状態を、息子である父はどんな気持ちで見ているのだろうか。 ・母親が衰えていくことを受け入れていきたい。 ・これまでの母に感謝し、家族で母を支えたい。 ・子供たちにも家族のつながりを感じてほしい。 「僕」たちは、元気に世話をしてくれていた祖母のことを忘れてしまったのだろうか。今の祖母をどんな気持ちで見ているのだろうか。 ・忘れていないが、どうすればよいのだろうか。 ・今よりひどくなったらどうなるのだろうか。 ・僕たちが協力しなければならない。 祖母と並んで草取りをしている「僕」は、どんな気持ちだろうか。 ・責めてごめんよ。ずっと一緒にいるよ。 ・家族のために僕ができることをやっていくよ。 ・今度は僕が祖母を支えていくよ。	・全文を通読する。 ・最近の祖母の様子を心配しながらも、困っている「僕」と弟の状況を押さえておく。 ・祖母に対し苛立つ「僕」と弟の思いに共感させる。 ・父の立場から家族を見つめることで、家族のつながりを感じさせ、ねらいの方向に向けての理解を深める。 ・父の話を聞いて、祖母のことを理解したいと思いつつも、どうしたらよいか困惑する「僕」たちの気持ちに共感させる。 ・祖母への理解が深化した「僕」の気持ちを考えさせることで、お互いを敬愛し、理解し合っていくことで、家族が充実したものになっていくことに気付かせる。
終末	○道徳ノートを書く。	○今日の学習で分かったことを書こう。	・学習について振り返らせ、自分の学びを整理させる。

教材の概要

幼い頃から主人公の「僕」や弟の世話をしてくれていたしっかり者の祖母の物忘れがひどくなっていく過程で起こる様々な問題と，家族それぞれの思いがつづられている。祖母の現状に対して苛立ちを覚え，きつく当たってしまう「僕」であったが，祖母の部屋で一冊のノートを見つけ，そこに書かれた祖母の葛藤と自分たち家族が受けてきた深い愛情に気付く。

授業の実際

〈学習活動③以降〉

> **発問** 祖母の今の状態を，息子である父はどんな気持ちで見ているのだろうか。

S　しっかりしていた母親が弱ってきて，この先母親がどうなっていくのか不安な気持ち。
S　（物忘れがひどくなっていく現状を）受け入れなくてはいけないと思っている。
S　母親と子供たちのけんか？が増えて関係が悪くなってきて辛いと思っている。
T　そうね。（学習活動②の黒板を指し示して）このような自分の子供たちと自分の母親とのやりとりを，父親であり息子であるお父さんはいつもそばで見ているということですよね……。そこにはどういう思いがあるのでしょうか。
S　自分の子供たちにも祖母のことを分かっていってほしい。
S　理解してほしい。
S　支えてほしい。
S　（似たような意見が出る）

> **発問** 「僕」たちは，元気に世話をしてくれていた祖母のことを忘れてしまったのだろうか。今の祖母をどんな気持ちで見ているのだろうか。

S　忘れていない。（多くの生徒が発言する）
S　両親の代わりに育ててもらっているし，忘れたりしないと思う。
S　（似たような意見が出る）
S　（意見を聞いてうなずく）
T　忘れていない，という意見が多いようですね。
　　（「それは僕たちもよく分かっているよ。だけど……。」と板書を足して）忘れていないから，これまでの祖母のことを考えると，「僕」は何も言えなくなったのかもしれないね。
S　（うなずく）

T では，これまで世話をしてもらっていたことを忘れていない「僕」や弟は，どんな気持ちでおばあちゃんのことを見ているのでしょうか。
（学習活動②，③の黒板を指し示して）
S 今よりもっとおばあちゃんの物忘れがひどくなったらどうしよう……。
S やっぱり困る。（似たような意見が出る）
S お父さんは見守ってと言うけど，どうやって見守っていけばいいのか悩む気持ち。
S おばあちゃんに感謝もしているけれど，お父さんの話を聞いたから自分が我慢しなくてはいけないし，どうしたらいいか分からない。
T 父に話した後，「僕」は怒らないようにしていたものね。
T でも，ののしってしまった。おばあちゃんのせいで自分たちが我慢させられるという気持ち？
S （うなずく）
T その中で，「僕」は「一冊のノート」と出会いました。読んだ「僕」は……。
（「一冊のノート」を強調して板書する）

> **発問** 祖母と並んで草取りをしている「僕」は，どんな気持ちだろうか。

S ずっと今も自分たちのことを支えてくれてありがとうという気持ち。
S 今まできついことを言ったり，おばあちゃんを責めてばかりいてごめんと思っている。
S 弱っているのに僕たちのことを考えてくれていたおばあちゃんのことを分かっていなかったから，謝りたい気持ち。
S 僕がそばにいるから大丈夫だよというのを一緒に草を取って伝えたい。
S これからは，僕がおばちゃんを支えていくという気持ち。
S （うなずく）
T （「きれいになったね。」という言葉を板書して）最後の「僕」の一言に全てつまっているのでしょうね。

■ 道徳ノートの記述と評価文例

父親の立場から家族の在り方を見つめた記述

今日の学習で出てきたおばあちゃんもかわいそうだけど，自分の子どもたちに母への不満を言われたお父さんも，悲しい気持ちだったと思った。自分も年をとってしまったときに，このおばあちゃんのような対応をされると思うと，年をとることが怖いなって思った。お父さんの言うように，家族で温かく見守れるように自分もしていきたい。

評価文例

「一冊のノート」の学習を通して，年をとっていくことへの家族の温かい関係を築く大切さを理解することができました。

Point

父親の立場から家族を見つめることで，年をとっていく家族との関わり方を考え，家族だからこそ温かく見守ることが必要だということを理解したことを評価した。

自分の家族に対する在り方について深く考えた記述

今日の学習で分かったことは，自分もおばあちゃんのことを差別的な目でみていたということです。私もおばあちゃんに少し話がかみ合わない，すぐに思ったことをやってくれない時にイライラしてきつい態度をとっていました。誰でも年をとったら物忘れもするのに，ひどいことをしていたことに気付けました。自分のそういうところを直したいです。

評価文例

「一冊のノート」の学習を通して，日頃の自分の姿を重ね合わせ，家族と自分の関わり方を見つめ直し，よりよい関係を築きたいという気持ちをふくらませていました。

Point

学習を通して衰えてできなくなることが増えた祖母を見下して対応していた自分に気付き，直していきたいと考えていることを評価した。

主人公と自分を重ね，家族の中の自分の役割を自覚した記述

この話を読んだとき，ぼくととても似ているなと思いました。ぼくもおばあちゃんに小さいころからずっと面倒をみてもらっていました。今はまだしっかりしているのですが，将来おばあちゃんも，このおばあちゃんのように物忘れがひどくなる時がくるかもしれません。その時は家族と一緒にぼくが支えていくべきだと思いました。

「一冊のノート」の学習を通して，自分を重ね合わせて主人公の気持ちを捉えることで家族とのつながりの大切さを感じ，家族としての役割について自覚を深めることができました。

主人公に自分を重ね合わせることで自分の家族の在り方を見つめ直し，つながりを感じながら自分の役割を自覚したことを評価した。

家族の深い愛情に気付き，自分を見つめた記述

私の家族と重なるところが多く，私も姉弟も僕や隆のような言葉や態度をとっていました。それでも祖母はいつでも私たちのことをしっかり世話してくれました。今日の学習で，それが当たり前だと思ってきつい言葉を言ったりしていた自分に気付き，祖母に感謝の気持ちをたくさん持てました。これからは「ありがとう」をたくさん伝えていきます。

「一冊のノート」の学習を通して，自分が祖母から与えられる愛情は当たり前だと思って過ごしていた自分を省み，祖母に感謝し，それを伝えることの大切さを理解しました。

学習を通して自分の家族と重ね合わせ，祖母から当たり前に与えられてきた愛情の深さに気付き，当たり前と思わずに感謝の気持ちを伝えることを決意した気持ちを評価しました。

（右見　洋子）

2年 よりよい学校生活，集団生活の充実【C-⒂】

集団で1つの目標に向かうことについて考えよう

📖 教材：みんなでとんだ！ 📖

■ ねらい

集団で何かに取り組むときには，全員がそれに参加し，みんなで力を合わせて，誰一人見捨てないことにも，勝ち負けとは違う意味での価値があることに気付かせる。

■ ねらいから見た評価のポイント

集団でゲームを行うときには勝敗は当然重要であるが，それとは別に全員で達成したときの喜びがあるということについての理解の深まりを評価する。

■ 主題設定の理由

運動会等の学校行事で達成感を得ることは，集団生活の充実につながることが多い。しかしそれは「競争に勝って1位になること」とは必ずしもイコールではない。自ら所属する集団の目的や意義を理解し，個人の力を合わせ，チームとして取り組むからこそ得られる喜びなのである。

このように，自分の属する集団の意義や目指す目的を十分に理解し，一人一人を尊重しながら互いに協力し励まし合う関係づくりをすることが集団生活の充実につながり，ひいては自分自身の向上につながると考える。勝ち負けでは感じうることのできない別の喜びにつながることを理解させたい。

■ 授業づくりのポイント

1位になる価値と，全員で何かを成し遂げる価値は別のベクトルである。したがって，「矢部ちゃんを入れるか，入れないか」という議論ではなく，集団の中の一人一人を大切にし，全員で成し遂げた喜びに目を向けることで，勝敗では味わうことのできない達成感に気付かせ，ねらいの方向に向けての理解を深める。また，「集団にとって大切なこと」ではなく，「自分が集団の一人一人にできること」を問うことで，一人一人を尊重し，個人の力を合わせてチームとして取り組むからこそ達成できることに気付かせ，主体的に集団生活に関わっていくことについて考えを深める。

学習指導過程

	学習活動	発問と予想される生徒の心の動き	指導上の留意点
導入	○本時の課題を知る。	・運動会の種目「大縄跳び」を学級で取り組むのは何のためだろう。	・資料についての簡単な導入をし，本時のねらいに向けての方向づけをする。
展開	①教材を読む。 ②金沢の言動の意味について考える。	金沢が「矢部ちゃんをはずすのはイヤ」とはどういうことなのか。優勝したくないのか。 ・優勝はしたい。でも，みんなで跳びたい。 ・仲間外れにしているようで気分が悪い。 ・全員で跳ばずに優勝してもうれしくない。	・全文を通読する。 ・運動会前日にもかかわらず，全員に問題提起した金沢の心情に思いを寄せさせ，仲間を大切にしたいという考えに気付かせることで，次の発問との比較をさせる。
	③矢部ちゃんを外したいと言っている生徒たちの意見について考える。	矢部ちゃんを入れない方がよいと考えるのは，どうしてだろう。勝てないからだけなのだろうか。 ・今までの様子から，絶対優勝できない。 ・矢部ちゃんを入れて勝つためには，かなりの作戦や配慮，練習が必要。	・優勝できるのであれば，全員で跳ばなくてもかまわないという考えが潜んでいる。大縄跳びを実施する目的にもう一度立ち返らせることで，弱い気持ちに気付かせる。
	④みんなの喜びの中身や，1位になる喜びとの違いを考える。	みんなの喜びは，何に対する喜びだったのだろう。喜びの中身を考えよう。1位になる喜びとの違いは？ ・クラスみんなで成し遂げた喜び。 ・不得意なことも助け合って成し遂げた喜び。 ・誰も見捨てず友達を大切にする喜び。 ・困難をみんなで乗り越えた喜び。	・競争に勝つこともうれしいことである。しかし，集団の中の一人一人を大切にし，全員で成し遂げた喜びに気付かせることで，ねらいの方向に向けての理解を深める。
終末	○道徳ノートに書く。	○今日の学習で分かったことを書こう。	・学習について振り返らせ，自分の学びを整理させる。

教材の概要

運動会前日の帰りの会，学年種目「大縄跳び」のことについて，2年1組で話し合いが始まった。議論は「応援係をすることに決めた，勉強や運動面で助けが必要な矢部ちゃんを，大縄跳びに入れるか入れないか」。長い話し合いの末，全員で跳ぶことに決定する。予行は1位であったが，本番はビリになってしまう。しかし，みんなは大喜びで歓声を上げた。

授業の実際

〈学習活動③以降〉

> **発問** 矢部ちゃんを入れない方がよいと考えるのは，どうしてだろう。

S 矢部ちゃんは縄にひっかかってしまって跳べないから，勝てない。
S せっかく予行で1位を取れて，矢部ちゃん抜きなら1位が狙えるのに，もったいない。
T 勝ちたい気持ちは（学習活動②の黒板を指し示して）金沢さんも同じだよね。矢部ちゃんを入れない方がいいっていうのは，「入れると勝てなくなる」っていうだけなのかな。
S 跳べない人がいると……こんなこと言うと悪いけど，正直面倒だなって思います。
S （矢部ちゃんが）入ると勝てないし，ひっかかる人がいて1回も跳べないと，最初は「頑張ろう」って言ってたとしても，だんだんみんなのやる気もなくなる。
S 跳べないと，みんなの気持ちがバラバラになる。
S 矢部ちゃんを入れない方が，正直楽だし勝てる。
T 面倒だったら楽な方がいいって考えちゃうことはあるものね。
S もし，（矢部ちゃんを）入れるとなったら，たくさん練習しなければならないって，みんな分かっていたんだと思います。
S 練習とか，工夫とかしなければならないと思うので，きっと大変になるから，勝つための近道を選んじゃったんじゃないかなと思います。
S 練習することはかまわないけど，練習したからって勝てるとは限らない。

> **発問** みんなの喜びは，何に対する喜びだったのだろう。喜びの中身はなんだろう。

S 矢部ちゃんを入れて跳べたこと。
S 跳べたこともだけど，自分たちで「矢部ちゃんを入れて跳ぶ」って決めたこと。振り返ってみて，やっぱりあの決断でよかったんだな，って。
S みんなで跳べたこと。チームワークのよさ。

S 諦めなければ，練習は大変かもしれないけど，でもみんなで跳べたこと。
S 前日の話し合いで，みんながクラスのために真剣に話し合いをして，それでみんながクラスのために一番いい方法を考えたこと。
S クラスのみんなで行う種目を，本当に全員参加でできたこと。
S 全員大縄！
S 目標は優勝だけど，一番の目的はクラスのみんなで協力して取り組むことで，そこにみんなが気付いて，みんなで跳べたこと。
S 勝つことだけにとらわれないで，みんなで跳べたこと。
S １位になることは大変だけど，矢部ちゃんを入れて，みんなで頑張ったことも大変なことで，それをやり遂げたこと。
S 仲間外れをしないで，みんながクラスの一員であることを尊重できたこと。
S １位になったらもちろんうれしいけれど，みんなで跳んでいなければ，心から喜べない人がいるはず。でも，どんな結果でもみんなで協力して一生懸命練習して臨んだら，どんな結果になったとしても……いや，やっぱり負けちゃったら残念だし，がっかりしちゃうとは思うけど，でも，心の中にずっと残るんじゃないかと思う。結果って，結構忘れちゃうものなんだけど，「楽しかったな」とか「たくさん練習したよね」とか「あのとき抜かされて悔しかった」とか，そういう記憶って結構残ると思うから。
T 「優勝した」っていう『記録』よりも，「みんなで協力して頑張った」っていう，みんなの心に残る『記憶』の方が価値があるっていうことなのかな。

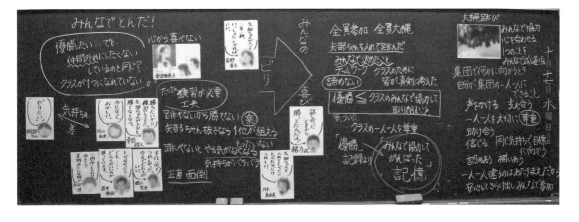

■ 道徳ノートの記述と評価文例

1位になる価値と全員で何かを成し遂げる価値の違いに気付いた記述

今までは勝てばいいと思っていたような気がする。去年の運動会は負けてばかりで，すごくつまらなかったから。でも，よく考えてみたら，勝つためにみんなで作戦を練ったりとか，練習を工夫したりとか，そういうことをやっていなかった気がする。本番までの練習で，そうやってクラスのみんなで団結してやっていたら，きっと負けたとしてもただの負けじゃなくて，何か違うものが得られたのかも，って思いました。

評価文例

「みんなでとんだ！」の学習を通して，競争に勝つことの価値と，集団で何かを成し遂げたときの価値の違いに気付きました。また，その価値を実現するために自分たちができることについても考えを深めていました。

Point

運動会等の学校行事で達成感を得ることは，「競争に勝って1位になること」とは必ずしもイコールではないということについての気付きや，その価値に沿って活動するための手立てについても考えを深められたことを評価した。

互いに協力し，励まし合う関係づくりの大切さについての記述

「負けたっていい」って思ったとしても，やっぱり負けたくない。一人だったら心が折れちゃうことも，みんなとだから頑張れるんだと思う。だからこそ，みんなで勝負のときまで協力して励まし合って，そして一生懸命練習することが大切なんだと思った。そして，最後は勝ちたい。勝負にも，チームワークでも！

評価文例

「みんなでとんだ！」の学習を通して，集団で取り組むときに必要な励まし合いや協力して練習することの意義について考えました。そして，それがチームワークという価値につながることについても理解しました。

Point

集団で1つの目標に向かうときに，個人個人が集団のためにできることについての意義の深まりや，それがひいては集団生活の充実につながることへの気付きを評価した。

勝敗では味わうことのできない達成感についての記述

　勝たなきゃ意味ない，って思っていたけど，勝っても意味がないこともあるのかもしれないと思った。もし，すごいアスリートチームが来て一緒に戦ったら，自分たちが勝てるわけない。でも，そのアスリートチームの勝利には意味がないし，自分たちがそれに挑戦しようとして一生懸命みんなで練習したら，負けたとしたってすごくいい思い出ができるし，団結力が高まると思った。

　「みんなでとんだ！」の学習を通して，勝ち負けでは味わうことのできない達成感について考えました。また，みんなで一生懸命に練習したら，負けてしまったとしても，その中に喜びを見出すことができることに気付きました。

　自分の属する集団の意義や目指す目的を理解し，勝敗では味わうことのできない努力や協力，達成感への理解の深まりを評価した。

集団の一人一人を尊重したいという記述

　自分は足が遅くて，運動会のときに迷惑をかけてしまったなと思っていた。でも，今日みんなが「不得意なことをお互いにカバーすることが大切」っていうことを話していて，少しホッとした。今やっている合唱コンクールに向けての練習では，運動会での私みたいに，歌が得意じゃない人がいると思うので，カバーしてあげたいし，みんなで協力していい合唱にしたい。たとえ負けてしまったとしても，ずっとみんなの心に残る合唱，そしてクラスにしたい。

　「みんなでとんだ！」の学習を通して，自分の体験を振り返りながら，クラスの一人一人を大切にしていきたいという思いをもちました。個人を尊重することで，よりよいクラスをつくっていきたいという思いを強くしていました。

　誰一人見捨てることなく，一人一人を尊重し，全員が参加して行うことが集団生活の充実につながることへの理解の深まりを評価した。

（大髙　知子）

2年 　　　　　国際理解，国際貢献【C－⒅】

国と国との友情について考えよう

　　　　　📖 教材：海と空－樫野の人々－ 📖

■ ねらい

　エルトゥールル号の海難事故でトルコ人救助に全力を注いだ樫野の人々の姿や思いを通して，国際的な友好関係の基礎として，自己犠牲を厭わず同じ人間として尊重し合うことや，その後の二国間の温かな交流と正しい相互理解が重要であることに気付かせる。

■ ねらいから見た評価のポイント

　樫野の人々の行為やトルコ航空の邦人救出劇に通底するものとして，国を越えた人間尊重の精神を発露に，ある程度の自己犠牲を覚悟して行為し，それを相互に感謝し記憶にとどめているといった点に着眼した発言や感想，及び，その多様性を評価する。

■ 主題設定の理由

　国際理解を深めるためには，利害関係も視野に入った政府間の関係を無視することはできないが，しかし一方では，個々の損得勘定を超えた人間愛に満ちた正しい行為を通じての温かな交流が重要な意味をもつことも事実である。したがって，国と国との友情もまた，こうした事実を踏まえつつ，ユネスコ憲章前文に謳われた「人類の知的及び精神的連帯の上に築かれなければならない」ことを深く理解させたいものである。そして，このことは，単に二国間で固い絆が結ばれたというだけにとどまらず，我々人類の命運がこうした積み重ねの中で決していくという厳粛な真実をも物語っている。

■ 授業づくりのポイント

　異国の人々を同じ人間として尊重し，確固とした信念・姿勢に基づき手を差し伸べることは，国と国とが相互に深く理解し尊敬する際の基壇となる。そこでまず，樫野の人々の自己犠牲を伴う献身的行為によって守り抜いたものを考えさせたい。さらに，それとトルコ航空の邦人救出劇に通底する精神の象徴的光景としての「海と空が１つになった水平線」に焦点を当てることで，人間尊重の精神に対する理解を深めるとともに，その着眼点の多様性も担保して，国際理解に対する視野を広げたい。

学習指導過程

	学習活動	発問と予想される生徒の心の動き	指導上の留意点
導入	○人と人との友情の必要条件について。	○人と人との間に友情を築くためには何が必要か。 ・信頼，協力，絆，共感，感謝，等。	・授業後半で，国と国との友情と比較対照する。
展開	①教材を読む。 ②樫野の人々が守り抜いたものを考える。	一晩中，トルコ人を温め続け，また様々な食料・物資を提供した樫野の人々が，これらの行為によって守り抜いたものは何か。 ・必ず助けるという必死の思い，かけがえのない命。 ・人間としての誇り，トルコとの友好関係，等。 ・人として，人を助けなければならないという思い。	・子供の着物まで差し出した事実や年末まで乗組員の亡骸を捜索し手厚く葬った事実も知らせる。
	③歴史の一コマとするには長きにわたる努力を要することを理解する。	今でも串本町では，慰霊祭を続けているが，そこには人々のどのような気持ちが込められているか。 ・犠牲者やその家族や仲間の無念さを慰めたい。 ・両国間の絆，友情・信頼関係を築いていきたい。 ・樫野の誇りと精神を受け継ぐという決意，等。	・乗組員の墓地や慰霊碑の清掃は，当時から今日まで，地元の小学校の子供たちが行っている事実も知らせる。
	④トルコ航空の邦人救出との共通項を議論する。	海と空が水平線で１つになるのを見ながら，私はどんな点に思いを馳せていただろうか。 ・見返りも期待せずに苦境に立たされた人々を，自己犠牲を厭わずに全力で救った点。 ・同じ人間として互いに尊重し合う決断や行為は，国家同士の親交や絆を深め発展させ得る点，等。	・トルコ航空の邦人救出劇について，当時の新聞記事や写真とともに，簡潔に伝えてから発問する。
	⑤国と国との友情を築く上での必要条件を検討する。	国と国との間に友情を築く上で，何を大切にしておく必要があるだろうか。 ・多くの犠牲者を悼み，悲しみをともにすること。 ・正しい歴史的事実を後世に語り継いでいくことで，感謝の念や親愛の情を培うこと，等。	・トルコの教科書で，エルトゥールル号を詳解している事実を知らせる。 ・導入時の「人と人との間の友情」と対比しながら，国と国との友情ならではの条件を探らせる。
終末	○気付いたこと・理解したことの確認。	○今日の学習で，新たに分かったことを書こう。	・後日行う映画『海難1890』の鑑賞会について連絡。

教材の概要

明治23年，エルトゥールル号の海難事故でトルコ人69名を救出（犠牲者500名以上）した樫野の人々と，昭和60年，イラン・イラク戦争の際にテヘラン空港に残された邦人216名を救出したトルコ政府の決断の背景にあるものに思いを馳せながら，主人公の「私」は，樫野の海と空が水平線で１つになっている景色を見つめるのである。

授業の実際

〈学習活動④以降について〉

> **発問** 主人公の「私」は，樫野埼灯台まで行き，海と空が水平線で１つになるのを見ながら，どんな点に思いを馳せていただろうか。

S 苦しみを分かち合った経験があるので，苦しむ相手を放っておけないという自然な感情が国民に湧いてきて，水平線のように国と国も１つに団結できるという点です。

T 苦境に立たされた気持ちを共有していることが，団結への大きな原動力になるのですね。

S 危機を救い合った素晴らしさは万国共通でありたい，という願いもあったと思います。

T 小さな星・地球に生きる一員として共通にもつべきは，「救い合いの精神」ということですね。では，その「救い合いの精神」をもう少し詳しく説明してくれますか。

S 見返りを期待せずに困難な状況の人を，自己犠牲を顧みずに全力で救い合ったことです。

T なるほど，見返りを考えずに自己犠牲を払うというのは，それだけ必死の思いがあったのでしょうね。ところで，「海と空が水平線で１つになる」とは，何を象徴していますか。

S 海の救出劇が空の救出劇につながったわけですが，この２つには共通点があり，それは同じ人間として互いに尊重し合いながら，正しい判断と行為をしていくという点です。
　さらに言うと，それが循環して国家同士の親交や絆を深めることにまで発展していって，皆が協力できる世界になっていくということも象徴しています。

T そうですね。樫野の人々の長年にわたる行為が，トルコ航空の邦人救出につながり，それがまたトルコ地震への支援につながり，ひいては日本とトルコが親交を温めることに発展しました。でも，トルコ人は95年前のことをよく覚えていましたね。不思議に思いませんか。

S 親が子供へ伝え，子供が孫へ伝えていったんだと思います。

T 確かにそれもあるでしょう。しかし，この事故を知っている日本人が約２割であるのに対し，トルコ人の約８割５分が知っているという調査もあり，これは一体どういうわけでしょう。実は，これ（トルコの教科書写真を提示）なんです。ほとんどのトルコ人が，歴史的事実として，詳しく学んでいるのです。では，このことも踏まえて，（以下の発問に続く）

> **発問** 国と国との間に友情を築く上で，何を大切にしておく必要があるのかを考えてみよう。

S　犠牲者などの苦しみや悲しみを共有し，自分の国の人たちが団結することです。

T　共感を土台とした団結が大事ですね。

S　大事な歴史的事実を正しく後世に語り継いで，感謝の念や親愛の情を育てることです。

S　歴史とともに，互いの国の豊かな文化と伝統を深く知り合うことも大事です。

T　100年以上経ってもなお，教科書などで文化・伝統や正しい歴史を学んでくれていることは，私たちにとっても本当にうれしく，親近感をもちますね。

S　人間として心の底からの助けたいという思いは，国境や地域や時代を超えるという事実も大切です。その思いが，人間として正しいことを行う力になると思います。

T　本当ですね。そして，その思いを未来に向けてもつないでいきたいものです。ところで，そのように深く学び合い，知り合い，助け合うことで，国と国との間にどのような化学変化が起こるのでしょうか。

S　信頼関係が築かれ，協力して危機を乗り越える勇気や決断力が生まれます。

T　確かに，国家が直面する大きな危機を乗り越えるには，時に，他国の温かい支援が必要となるわけですが，そのためには人間同士の信頼関係に基づく国同士の協力と援助が必要だと言えますね。

　そして，こうした1つの国と1つの国とが友情の絆を結び得たかどうかは，当事国だけの問題というだけにとどまらず，小さな星・地球に生きる全人類の幸福に影響をもたらす小さくても重要な出来事になるのではないかと思います。

T　今日の学習では，国同士の友情には，人間同士の友情と同様に，共感や感謝，信頼などが重要であるとの意見が出ましたが，それを築くためのバックボーンにおいて質的な違いもありました。最後は，その点について，ワークシートに書き留めておきましょう。

道徳ノートの記述と評価文例

生徒のノート

生命尊重への自己犠牲が国家間の友情に発展するという記述

　海の話も空の話も，自分の命や生活がかなり危険な状態になるのを覚悟して，相手の生命を救うことを優先していた。こうした自分が犠牲になる勇気と決断は，国と国との友情関係に深く結びついている。また，そのことを互いに忘れないよう，墓地を清掃したり教科書で学んだりして，地道に誠実に行動していくことが重要だと思う。

評価文例

　「海と空」の学習を通して，国家間の友情を築いていく上で大切なことは，人々の自己犠牲を厭わない決断や献身的な行為であることに気付き，さらに，そういった真心を地道に行動で示し続ける重要性も理解することができました。

Point

　我が身を顧みず，相手のことを親身になって考え行動するというのは一般的な友情の出発点でもあるが，しかし，それが国家間の友情においてもなお，個々の自己犠牲が及ぼす影響は極めて深いものであると捉えている点を評価した。

生徒のノート

国家間の友情の基礎となる人間の心に関する記述

　国家間の友情関係といっても，結局そこに生きる人と人との関係なので，人間同士の心の繋がりが一番大事です。トルコでは教科書で詳しく学び続け，感謝の気持ちを忘れないようにしているし，その事実を知ると，私たちもトルコに対して感謝や親しみを持ちました。また，トルコ航空の日本人救出については，親しみというよりも，トルコ人に対する驚きや尊敬といった感情がわき，温かい交流につながります。

評価文例

　トルコ航空による邦人救出劇やエルトゥールル号の海難事故を教科書で学び続けるトルコ人の姿を通して，日本人もトルコに感謝や親愛の情，尊敬の念を抱くことに気付き，それが国家間の友情を温めることに通じることを理解していました。

Point

　国家同士の交流を深めていく担い手は，他ならぬ一人一人の人間であることを見抜くとともに，そこで重要となるのが人の心のつながりであることを喝破している。その上で，心をつなぐには相手国に対する深い感謝や尊敬の念を抱き語り継いでいくことが重要であることに気付いた点を評価した。

歴史的事実の継承の重要性についての記述

　エルトゥールル号の事故から95年後にトルコ航空による邦人救出があった。その時，ほとんどの日本人は，なぜトルコが助けてくれたのか分からなかった。でも，ほとんどのトルコ人は分かっていた。生存者はわずか69人だったけれども，トルコ人は，これを忘れてはならない重要な歴史上の事実として，何世代にもわたって教科書などで伝え続けたからだ。歴史を正しく伝えていくことが，日本とトルコの友情につながったと確信する。

　トルコ航空による邦人救出までの95年間，トルコ人が，エルトゥールル号の事故を忘れてはならない歴史的事実として正しく継承してきたことは極めて重要であり，それが日本とトルコの固い友情につながったことを確信することができました。

Point

　授業中，補助的に提示した情報に基づく記述文であるが，しかし，過去から現在，現在から未来へと国家間の親交を深め続けるには，単発的な歴史的出来事の存在以上に，その事実をいかに価値付けし，後世の人々に正しく継承していくのかが重要であることに気付いた点に独自性が認められ，評価した。

友情の要素を人間と国とで比較した記述

　人間同士でも国同士でも，友情には，信頼や感謝や思いやりなどが大切です。でも，実現するのは国同士の方が難しいと思います。国民には色々いて，普通一つの方向で団結していないからです。国同士の友情には，自国の人々が団結し，互いの国の文化や伝統を知り，歴史を正しく受け止めるという条件がプラスされていると思います。

　「海と空」の学習を通して，友情を培う信頼や感謝や思いやりなどの普遍的な要素に言及するとともに，国家間の友情ならではの要素として，国民の団結力や歴史・文化・伝統の正しい受け止めが重要であることを理解しました。

Point

　人間同士の友情と国家間の友情について，その実現の困難度に触れつつ，両者の共通点・相違点を比較対照して，友情が固く結ばれるための要素として「信頼・感謝・思いやり」や「人々の団結」，「正しい文化や伝統や歴史の理解」など，多面的・多角的に挙げている点を評価した。

（荊木　聡）

3年 　　　　　　　　生命の尊さ【D-(19)】

かけがえのない生命を
どう生きるかについて考えよう

📖 教材：キミばあちゃんの椿 📖

■ ねらい

　人の人生には必ず終わりがある。しかも，皆が順調な人生を送れるとは限らない。いや，誰にでも不安や悩みはある。それも含めて人生である。そして，その人生をどう生きるかは本人次第である。「不幸だ」と嘆いて生きるのか。それとも自分は自分として精一杯生命を使い切るのか。それによって人生（命）の価値が違ってくるということを理解させる。

■ ねらいから見た評価のポイント

　かけがえのないたった1つの命を生きるとき，自分にできる精一杯のことをして生き抜いていこうと思い，実行していけば，生きることに張りや充実感が生まれ，自分自身の人生の価値が高まっていくという理解の深まりを評価する。

■ 主題設定の理由

　人生は，楽しいことばかりではなく不安や悩みが生じることもあるだろう。かけがえのない命を，たった一度しかない人生をどう生きるかを決めるのは，自分自身である。ただ生きるのか，よりよく生きるのか。自分にできる精一杯のことをして生き抜いていこうと決心し，懸命に実践を積み重ねていけば，生きることに張りや充実感が生まれてくる。人生をどう生きるかは本人次第であり，人生の価値を決めるのも自分自身だということを理解させたい。

■ 授業づくりのポイント

　「何のために生きているのかな，生きていても仕方がないんじゃないか」と考える病弱な裕介の不安や辛さを本当に理解することは難しいが，どれだけ理解できるか，話し合いによって心を寄り添わせたい。そして，裕介と重なる病弱な淡窓の生き方が，医師である倉重の一喝で変化したのはなぜだったのかを考えることを通して，自分に厳しく生きることの意味についての考えを深める。万善簿や椿の花には，自分の人生を精一杯「生き切ること」が象徴されている。現状を嘆いて生きるより，与えられた状況の中で懸命に生き抜いていこうと思えるようになると，自分自身の人生の価値に差が出てくることについて理解を深めたい。

学習指導過程

	学習活動	発問と予想される生徒の心の動き	指導上の留意点
導入	○「椿」の花の咲き方について知る。	・「椿」の花は寒い冬に咲き、花弁の根本から開花したまま落花するということを知る。	・椿の花の特徴に関心をもたせ導入とする。
展開	①教材を読む。 ②裕介の病気に対する不安や辛さについて考える。	人の辛さや不安を理解することは非常に難しいことだが、裕介の辛さや不安を精一杯理解してみよう。 ・どうして自分ばかりが辛い目にあわなければならないのか。 ・自分の人生はこの状態がずっと続くのか。 ・自分には生きている意味があるのか。	・全文を通読する。 ・病弱で入退院を繰り返し自暴自棄になっていく裕介の辛さや不安を捉えさせる。
	③淡窓に対して厳しい言い方をした倉重湊の思いについて考える。	倉重湊は、淡窓からの手紙を読んだとき、その苦しみが分からなかったのだろうか。倉重が、淡窓に伝えたかったことはなんだろうか。 ・よく分かっていたはずだ。 ・どうしてやることもできない倉重も苦しかった。 ・嘆いていても何の解決にもならない。 ・自分の力で乗り越え今をしっかり生きてほしい。	・倉重の厳しい対応には、淡窓を思い励ます意味がこもっていることを押さえ、淡窓の生きることについての甘えも浮き彫りにする。
	④倉重の言葉によって生き方を変えた淡窓のことを知った裕介が気付いたことを考える。	淡窓が生き方を変えたことを知った裕介はどんなことに気付いただろうか。 ・自分は嘆くばかりでなんて甘えていたのだろう。 ・同じような境遇にあっても生き方の中身が違う。 ・自分にできる精一杯のことをして生きることはなんてすごいこと、素晴らしいことなのだろう。	・病弱だった淡窓が自分にできる精一杯のことをして生き抜いたことに人生の価値を見出したことについて考えさせることで、ねらいの方向に向けての理解を深める。
	⑤椿の花に託してキミばあちゃんが伝えたかったことを考える。	キミばあちゃんが椿の花に例えて裕介たちに伝えたかったことはなんだろう。 ・誰でも命は1つきり、人生も1回きりしかない。 ・自分の人生をどう生きるかを決めるのは自分自身なのだ。	・1つしかない命、一度しかない人生をどう生きるかは、自分自身の生き方にかかっているということ、それによって人生の価値は決まるということの理解を深める。
終末	○道徳ノートを書く。	○今日の学習で分かったことを書こう。	・学習について振り返らせ、自分の学びを整理させる。

教材の概要

病気のため入退院を繰り返していた裕介は，キミばあちゃんから，病弱で自らの生き方を憂い悩んでいた広瀬淡窓という人物が医師の倉重の助言によって生き方を変えたことや淡窓の実践した「万善簿」を紹介される。淡窓の生き方を知った裕介は，自分の考えの甘さに気付かされ，人間の「生きること」の意味について深く考えさせられる。

授業の実際

〈学習活動③以降〉

> **発問** 倉重は，淡窓からの手紙を読んだとき，その苦しみが分からなかったのだろうか。倉重が淡窓に伝えたかったことはなんだろうか。

S 倉重は，淡窓の苦しい気持ちはよく分かっていたと思う。
S でも，自分にはどうしてやることもできない。代わってあげることもできない。
S どんなふうに励ましてやればよいのか本当は悩んでいたのかもしれない。
S 淡窓の苦しみが大きすぎて何と答えてあげればいいのかわからなくて返事を先延ばししていたのかもしれない。
T ならば，倉重は淡窓に対して，「見苦しい」とか「父母への最大の不孝だ」とか，どうしてこれほど厳しい言い方をしたのでしょうか？
S 淡窓に対して本当にだめな奴だと思って言ったわけではないと思う。
S （うなずく）おい，淡窓よ，しっかりしろよと言いたかったんだと思う。
S 世の中で自分が一番不幸だと思うな。辛い人はたくさんいる，甘えるな。（うなずく）
T 倉重は，淡窓の苦しい気持ちはよく分かっていたのにこんな厳しい言い方なのですか？
S 分かっていたけれど，慰めているだけでは淡窓は不幸のままだと思ったから。
S 愚痴や恨み言ばかり言っていても何の解決にもならないから。
S 自分を悲劇のヒーローにしていたら絶対前には進めないから。
T ならば，倉重が淡窓に本当に伝えたかったことはなんだったのでしょう？
S 辛く苦しいこと，自分の不幸とちゃんと向き合うことが大事なのではないか。
S 病弱な自分をありのままに受け入れて，その上で自分に何ができるかを考えることができる強さをもたなくてはだめだぞ。
S このまま嘆いてばかりいると淡窓の人生はつまらない人生で終わってしまうぞ。
S この苦しさを乗り越えようと努力すれば，きっといい人生が待っているはずだ。
S 迷っていないで，ただ一筋に教師の道に進んでいって，充実した人生を送ってほしい。

発問 淡窓の病弱は相変わらずだったけれど，倉重の言葉によって淡窓は生き方を変えることができた。塾を運営したり万善簿を記したりして人生を生き抜いた淡窓のことを知った裕介は，どんなことに気付いただろうか。

S 病気がちなところは自分と似ているのに，淡窓と今の自分とは随分違う。

S 自分は，自分のことをなんてかわいそうな人間だと思っていたけれど，世の中には，自分の思いもつかない生き方をしている人がいたんだと知ってはっとした。

S 病気が治らないでこのままだったら自分は不幸な人生を生きていくのだと思っていたけれど，そうだと決めつけてしまってはいけないことに気付いた。

T 裕介は，淡窓の生き方と今の自分を比べていろいろなことに気付いていったのですね。

S 万善簿には，自分のためだけに生きるのではなく自分にできることをこつこつと積み重ねて誰かの役に立ちたいと思う淡窓の気持ちが込められていたんだと気付いた。

S 万善簿に印をつけることは，自分に厳しく生きることでもあったけれど，誰かの役に立つことにもつながっていたんだと気が付いた。

T 人生の価値を決めるのは，誰でしょう？

S 自分だと思う。人に評価されることを気にして生きていても意味がないと思う。どうせ生きるなら，自分にできる精一杯のことをして自分に納得して生きていきたい。

発問 誰でも命は１つきり，人生も１回きり。いつでも順調に過ごせる人生とは限らない。キミばあちゃんが椿の花に例えて裕介たちに伝えたかったことは何か。

S １つしかない命，１つしかない人生をしっかり生き抜いてほしい。

T 自分の人生をどう生きるかを決めるのは自分自身なのですよ。

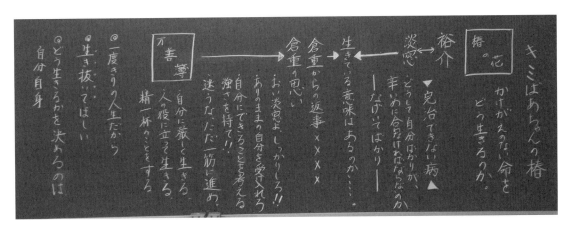

道徳ノートの記述と評価文例

１つしかない生命の有限性を自覚することに関する記述

　今日の学習でわかったことは，自分の命も他人の命も命は１つしかない，たった１つの命はなくしてしまったらもうそれでおしまいになってしまう。だから，１つしかない命を大切に生きていかないといけないということがよくわかった。大切に生きるということは，そっと生きるのではなくて，しっかり生きるということだと思った。

評価文例

　「キミばあちゃんの椿」の学習を通して，日頃から分かっていたはずの命の有限性を再確認しました。その命は，ただ単に日々を生きるのではなく，大切に生きること，しっかり生きることが大事なのだということを理解しました。

Point

　自他の命の有限性を分かっていたが，改めて確認できたこと，単に時を刻んで生きるのではなく，しっかり人生を生きたいという思いが高まったことを評価した。

人生を精一杯よりよく生きることについての記述

　自分の人生を作るのは，自分自身だということがわかった。わたしは今特に困ったこともなく平和に暮らしています。でも，この居心地のいい時間がずっと続くとは限らないと裕介や淡窓の話から気付いた。苦しいことや困ったことが起こったとしても，それに負けずに自分にできることを精一杯頑張って生きることが大切だということがわかった。

評価文例

　「キミばあちゃんの椿」の学習を通して，平和で穏やかな日常に感謝しながらも，この先，困難が生じてもそれに負けずに精一杯生きることが大切なのだということを理解することができました。

Point

　病弱だった裕介や淡窓の不安や辛さを深く感じ取り，窮地に立たされたときでもそれに屈せず自分にできる精一杯のことをして生き抜くことが大切であるということに気付いたことを評価した。

支え合って生きていることに関する記述

　今日の道徳で，自分一人では生きていけないことがわかった。順平たちは裕介のことをキミばあちゃんに相談してくれた。キミばあちゃんは淡窓の話をして励ましてくれた。裕介が思い詰めたままだったら大変なことになっていた。万善簿の印も人のためにできることの積み重ねだった。人は支えられたり支えたりして生きていくということがわかった。

　「キミばあちゃんの椿」の学習を通して，生きていく上で，自分の周りには自分を支え励ましてくれる人々がいることや自分の存在は，自分１人のものではないことに気付きました。互いに支えられたり支えたりして生きていくということを理解しました。

Point

　生きていく上で，自分が困ったときに支えてくれる人々が自分の周りには存在することや自分の命は自分のものであっても自分だけのものではないことに気付き，互いに支え合って生きることの大切さを理解したことを評価した。

生きることで世の中に貢献するという記述

　裕介は，淡窓や万善簿の話や椿の句の意味を聞いて，それまで生きてきて一回も思わなかった大事なことに気付いてはっとしたと思う。だめだだめだとふてくされて生きるのではなくて，少しでもいいから世の中の役に立つことを果たしながら生きていくことが，「何のために生きるのか」の答え探しにつながっていくんだということがわかった。

　「キミばあちゃんの椿」の学習を通して，万善簿や椿の話から，同じ生きるなら今を嘆くのではなく，少しでも世の中の役に立つことを果たしながら生きていくことが，「人は何のために生きるのか」の答え探しにつながっていくのだということを理解しました。

　万善簿や椿の話からこれまで生きてきて気付かなかった大事なことに気付かされ，人は何のために生きるのかを追求しながら生きていきたいという思いがあるのだと理解したことを評価した。

（齋藤　眞弓）

1年 よりよく生きる喜び【D-㉒】

人間の弱さを乗り越えて生きる意味を考えよう

教材：雪の日に

ねらい

　生きている限り誰もが苦悩や葛藤を抱えており，時には自己の弱さを痛感するという現実を認めつつも，しかし，それを乗り越えようとする誠実さが，心の安寧を取り戻し，誇りや喜びのある人生に通じる鍵となることを理解する。

ねらいから見た評価のポイント

　人間がもつ弱さや醜さに対する温かな眼差しを前提に，良心の声に耳を傾け誠実に生きようと努力することが，結果の如何を問わず，人間としての強さや誇りに通じていることへの理解の深まりを評価する。

主題設定の理由

　「自分はこう思っていたのに，いざとなると思わぬ方向へ進んでいる」といったことは誰もが経験しており，「人間の業・性」とも言うべきものである。したがって，人間の心の闇に潜む欠点や脆さ・醜さに対して，単純に目を背けたり毛嫌いしたりして忌避するのではなく，何人も人間としての弱さを抱えて生きているという真実を，一旦直視し理解した上で，しかしなお，それにもどかしさを感じながら，悩み，苦しみ，葛藤して，それを克服しようとするところに人間としての輝きと誇りを見出したい。そして，こうした一連の心的過程を繰り返し積み重ねることで，私たちは，夢と希望をもって内なる自己に恥じない「喜びと幸福に満ちた崇高さ」への扉を開け放つということを深く理解させたい。

授業づくりのポイント

　誰もがいつコペル君の立場に立たされるとも限らないということを静かに見つめ，その心の底を共感的に捉える。また，「人生にはやり直しが効かないことも多い」という点にも目を向けさせつつ，コペル君が苦悩し葛藤する姿を通して，人間のもつ弱さを乗り越えていくのに必要な要素について熟慮する。そして，それらの要素を大切にした生き方が，人生にとってどのような意味や意義をもつのかについての理解を深めていきたい。

■ 学習指導過程

	学習活動	発問と予想される生徒の心の動き	指導上の留意点
導入	○良心に従うための要素と意義を確認。	○良心に従って生きるためには何に気を付ければよいだろうか。また，良心に従って生きることは，なぜ大切なのだろうか。	・授業前の様相を捉える。 ・終末に，改めて同じ質問をすることを伝える。
展開	①教材を読む。	○出て行くこともできず，かといって立ち去ることもできないコペル君の気持ちはどうだったか。	・簡潔な応答を心掛ける。
	②コペル君の弱さを見つめる。	コペル君が，雪の玉と一緒に捨て去ろうとしているものは何か。 ・勇気，友情，信頼，絆，約束，等。	・コペル君への批判とならないよう，共感的に捉えさせたい。
	③人間関係の絆を固く結び合って流す涙の意味を捉える。	上級生が去った後の3人の涙の意味は何か。 ・上級生へ：悔しさ，憤り，悲しみ，等。 ・友達へ：感謝，喜び，安堵感，等。	・上級生に対するものと，友達に対するものとを分類して板書する。
	④絆を結び合えずに流す涙の意味を考える。	コペル君の涙の中身は，どのようなものか。 ・自分へ：悔しい，腹立たしい，卑怯，覚悟がない，情けない，後悔，意気地なし，等。	・友達への涙の意味もあるが，「自分への涙」を中心に考えさせてもよい。 ・場合によっては，「悲しい涙」ではないことに留意させる。
	⑤人間としての弱さを克服するための要素を考える。	コペル君は，今後，自分の弱さに打ち克つために，何を大切にしていくと思うか。 ・咄嗟の判断力，人生に繰り返しはないことの自覚，困難や危険への一定の覚悟，義理と義務，等。	・雪玉と一緒に捨て去ろうとしたものを振り返り，それを手に入れるために必要なものとして問う。
	⑥良心に従い誠実に行為することの意義や意味を考える。	自分の弱さを克服することで，人間は何を手にすることができるのだろうか。 ・誇り，喜び，安らぎ，納得，自信，美しさ，等。	・仮に，結果が伴わなくても，弱さを克服しようとするところに人間の崇高さがあることを，自分なりに理解し深めさせる。
終末	○道徳ノートに，発見事項を書く。	○今日の学習で，良心に従って生きるために気を付けることについて新たに分かったことを書こう。	・学習を振り返り，自分の学びを整理させる。

■ 教材の概要

吉野源三郎『君たちはどう生きるか』（1937年版）が原文である。謂われなき理由で上級生に目を付けられた北見君は，ある日，雪合戦をしている最中に，上級生のつくった雪人形を知らぬ間に倒して，何度も謝罪させられ，その態度が生意気だと殴られる。そのとき，水谷君と浦川君は，北見君をかばって上級生の前に飛び出すが，コペル君は動けなかった。

■ 授業の実際

〈学習活動④⑤について〉

> **発問** コペル君の涙の中身は，どのようなものか。

T これを考える前に，コペル君の涙は，誰に対するものなのかを考えてみましょう。
S 3人の友達に対するもの。
S 家族に対するもの。
T いろいろあるね。他に考えられますか。
S 自分自身も考えられます。（意図的指名）
T うん，それも考えられるね。じゃあ，今言ってくれた，この「友達」「家族」「自分自身」に共通していることはなんだろう。
S 全て，コペル君のことを信じている。自分自身も含めて……。
S コペル君の心とつながっていて，コペル君を大切に思っている。
T なるほど，心の結び付きがとても固いんですね。この結び付きの固い三者に対してコペル君は涙を流したわけですが，その涙の中身はどのようなものだったでしょうか。
S 友達に対しては，「申し訳ない」とか「裏切ってしまった」という気持ちが込められていると思います。
S もう，「決して許されない」という谷底に突き落とされたような悲しみもあった。
T 反省や絶望，悲しみが混在しているんですね。では，家族に対しての涙はどうでしょう。
S 親ががっかりするのではという焦りがあると思います。
S 親の期待を裏切ったという苦しみやすまないという気持ちがあると思います。
T 親の失望を予想して，焦燥感に苛まれている，ということですね。
　では，自分自身に対しての涙の中身は，どういうものだったでしょう。
S 心の正しい声に従えなかったので，「悔しい・腹立たしい」という感情が溢れています。
S 覚悟のない卑怯で情けない態度を後悔しています。
S そういうのを意気地なしという……。

T　そう，コペル君は意気地なしでした。じゃあ，逆に皆さんには，意気地がありますか。
S　意気地があるとは言い切れない。
S　状況によって違う。
T　人は誰でも，人生の全ての場面で100％意気地があるとか，逆に100％臆病者だということはありません。コペル君も好き好んでこんな状況にしたわけではなく，たまたまこの場面では勇気が出なかったんですね。そして，コペル君は勇気や，友情，信頼，絆，約束なども捨てそうなこの状況を，とても悔しく残念に思っています。（以下の発問に続く）

> **発問**　コペル君は，今後，自分の弱さに打ち克つために，何を大切にしていくと思うか。

T　勇気，友情，信頼，絆，約束などを捨てかけているという先ほどの意見を前提にして，考えてみてください。
S　咄嗟の判断力が大切だと思います。
T　ほう，咄嗟の判断力ですか……，すごい意見ですね。じゃあ，さらに突っ込んで聞きますが，咄嗟に正しく判断するには，日頃から，何を大切にすればいいんでしょう。
S　人生に繰り返しはないことの自覚，チャンスに後ろ髪なしともいうから。
T　なるほど，そうですね。他の意見はありますか。
S　大切な人を守るには，多少の困難や危険はつきものである，という覚悟だと思います。
S　よい人間関係を維持するには，義理を大切にし，義務を果たすことが大切です。
T　咄嗟の判断力，人生における一期一会の自覚，そして，困難や危険への覚悟。いずれも深い考えですね。こういうものを大切にして，自分の弱さを克服しようとコペル君が頑張ったならば，コペル君にはどのような未来が開けてくるでしょうか。このことについて，次の質問を通して考えましょう。（以下，活動⑥の発問に続く）

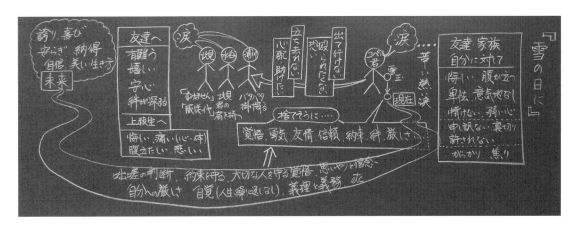

道徳ノートの記述と評価文例

人間としての弱さを共感的に受け止めた記述

> 最初は，意気地のないコペル君をだらしないと考えたけど，自分のことを考えたり，友達の意見を聞いたりすると，そんな完璧な人間はいないと思った。だから，コペル君が，これから堂々と生きていくことを応援したい気持ちになった。

評価文例
「雪の日に」の学習を通して，誰もが人間としての弱さをもっていることを共感的に理解し，完璧な人間はいないという前提に立って，それを克服しようとする姿を応援したいという気持ちをもちました。

Point
人間の強さや誇りを大切にして生きることの意義や意味には触れていない記述文ではあるが，人間という存在の光と影の両面を丸ごと受け容れた「人間讃歌」の姿勢は，本内容項目を考える上での出発点であると判断し評価した。

人間の弱さを乗り越える上で必要となる要素に関する記述

> 僕は，自分の臆病さやだらしなさを克服するには，勇気が大事だと思った。でも，勇気は無鉄砲とは違う。勇気には，人間として大切な目的があって，それに向かって正しく選択したという確信が必要なことが分かった。こういう勇気が発揮できれば，誇りをもって生きることができると思う。

評価文例
「雪の日に」の学習を通して，人間としての誇りをもって生きていくためには，無鉄砲とは質を異にする，正しさに裏打ちされた勇気が必要であることに気付くことができました。

Point
人間の弱さを乗り越える上で必要な条件・要素は，活動②や⑤の発問を通して考えたので，多数の生徒が記述文の中で触れているところであるが，特に，本記述では，「真の勇気は臆病や蛮勇とは異なる」という点に言及していると判断し，1つの道徳的価値の輪郭を追究する中から誇りある生き方を展望している独自性を特筆すべき事柄として評価した。

よりよく生きることが、心に安らぎや人生に成長をもたらすことへの記述

　人間なら誰でも臆病になることはあるけど、そのような状況は、精神的に不安定で、時には悲しみや苦しみがおそってきます。私自身がそれを乗り越えるのは大変ですが、乗り越えられれば、精神的に安定し、心が穏やかになると思います。そして、そのような状況の中で自分自身が成長でき、人生を美しくできればなあ、と思います。

　悲しみや苦しみの詰まったコペル君の涙を通して、人間としての弱さを我が事として考えるとともに、心の安らぎや、それを土台に美しく自己成長していくことへの憧れをもつことができました。

　コペル君が置かれた状況に自我関与し、自分自身の課題とも結び付けながら、人間としての弱さや脆さを乗り越えようとするところに心の平穏や安寧が訪れることを理解するとともに、その安定した精神的土壌に人間としての美しい花を咲かせたいという望みや思いを抱いたと判断して評価した。

結果とは無関係によりよく生きる人間としての誇りというものがあるという記述

　自分の弱さをごまかさず、それと向き合い、良心に従って行動して、人間としての誇りを持ちたいです。人生甘くはないので、誇りをもったからと言って、よい結果が出るとは限りません。でも、それとは関係なく、誇りをもつことで本当の自分らしい生き方ができるように思います。

　「雪の日に」の学習では、良心の声に従い、人間としての誇りをもつことの意義を、本当の自分らしい生き方ができる点に見出すとともに、それは、結果の良し悪しには左右されない性質のものであることを理解することができました。

　誇りをもって生きることが、本当の自分らしさに通ずることに気付いただけでなく、自己の納得する誇りある人間としての生き方は、必ずしも、結果の良し悪しと短絡的に結び付いているわけではないという人生の真実に着眼している点を積極的に評価した。

（荊木　聡）

2年　よりよく生きる喜び【D−⑵】

後悔と向き合い，自分の生き方について考えよう

教材：足袋の季節

ねらい

　身勝手な考えや弱さから，ずるい行動をしてしまった自分のことを，自分自身が情けなく思うとともに，よりよく生きたいと願っていることに気付かせる。

ねらいから見た評価のポイント

　自分の弱さと向き合い苦悩を乗り越えようとする人間や，よりよく生きようとする人間のよさを理解するという方向での理解の深まりを評価する。

主題設定の理由

　人間は決して完璧な存在ではなく，誰しもが弱さをもつ。魔が差したり，誘惑に負けたりして，身勝手な行動に走ってしまうこともある。しかし，そんな自分のことを恥ずかしく，情けなく感じ，後悔の念を抱くのも人間である。つまり，いつまでも自分自身の弱さに絶望しているのではなく，それを乗り越えて生きたいと願っている。このように，人間には弱さを克服する強さや，よりよく生きようとする心があることに気付かせ，人間として生きることに喜びを見出すことが大切である。

授業づくりのポイント

　「後悔しないように誠実に行動すべき」ということはすでに子供たちも知っているので，後悔しないための行動を考えさせるのではなく，後悔につながる過ちを犯してしまったことを前提として，その後の生き方を考えさせるような展開にする。まず，人間なら間違いを犯したり，ついつい魔が差してしまうような弱さが誰にでもあることを理解し，「後悔を抱えたまま生きることの苦しさ」について考えを深める。さらに，後悔を乗り越えよりよく生きようとしている人間のよさや素晴らしさにも焦点を当てたい。

■ 学習指導過程

	学習活動	発問と予想される生徒の心の動き	指導上の留意点
導入	○本時の課題を知る。	○人間のよさってなんだろう。 　・喜怒哀楽　　　　・感謝の気持ち 　・強さ，優しさ　　・達成感	・導入時の子供の「人間のよさ」についての考えを確認する。
展開	①教材を読む。 ②おばあさんのところに向かうまでの，私の心情について考える。 ③果物かごを川に落としたときの心情を考える。 ④私の決意について考える。	 初めての月給をもらった私は，真っ先におばあさんのところへ向かったが，それまでおばあさんのことを考えてどんなふうに過ごしていたのか？ ・なぜあのとき，正直にお金を返せなかったのか。 ・おばあさんは自分を恨んでいないだろうか。 ・後ろめたさがあっておばあさんの前に立てない。 自分の何に腹を立てたから，果物かごを川に落としたのか？ ・釣り銭をごまかしてしまったこと。 ・今さら謝りに来ても遅かったこと。 ・これまでに謝る勇気がなかった自分。 ・どうすることもできない無力な自分。 「あのおばあさんが私にくれた心を，今度は私が誰かに差し上げなければならないと思った」のは，なぜか？ ・誰かに優しくすることで，前向きになれるから。 ・おばあさんはもういないから，せめて誰かに親切にしたいから。 ・よりよく生きたいと思う気持ちがあるから。	・全文を通読する。 ・私の心情を押さえることで後悔の念はいつまでも消えないことを確認する。 ・初めての月給で買った果物かごを意図的に捨てた理由を押さえる。 ・これからの私の生き方について考えさせることで，ねらいの方向への理解を深める。 ・私の中にどのような心があったのかについて考えさせる。
終末	○道徳ノートを書く。	○今日の学習で分かったことを書こう。	・学習について振り返らせ，自分の学びを整理させる。

教材の概要

　幼い頃の私は，貧しさと寒さのあまり，大福もちを売るおばあさんから釣り銭をごまかしてしまう。自責の念と，おばあさんから言われた「踏ん張りなさいよ」の一言がいつまでも心に残る。やがて，初めての月給をもらったあと，償いのためにおばあさんを訪ねるが，すでに亡くなっていた。時が経った今でも私の心には後悔が残っている。

授業の実際

〈学習活動②以降〉

> **発問**　初めての月給をもらった私は，真っ先におばあさんのところへ向かったが，それまでおばあさんのことを考えてどんなふうに過ごしていたのか？

S　なぜあのとき，正直に釣り銭を返せなかったのか。
T　どうしてだと思いますか？
S　う～ん……正直に言うのが怖かったから。
T　そうですね，だからおばあさんの前には立てなかったんですね。
S　おばあさんは自分のことを恨んでないだろうか。
T　そんなことを考えながら生きていた私はどんな気持ちだったと思いますか？
S　足袋は買えたかもしれないけど，すっきりしない。
S　コソコソ生きていて，すごく後ろめたい。
T　私の心の中に後悔がいつまでも残っているんですね。

> **発問**　自分の何に腹を立てたから果物かごを川に落としたのか？

S　釣り銭をごまかしてしまったこと。あんなことしなければよかったって。
T　私の後悔の始まりはそこですよね。でも，それだけですか？　おばあさんに謝ることができていれば，こんなふうに自分に腹は立てなかったと思いますよ。
S　謝りに来るのが遅すぎたこと。
T　どうしてこんなにも謝りに来るのが遅くなってしまったんでしょう？
S　初めての月給をもらって，お詫びに果物かごを買うまで来れなかったから。
T　でも果物かごよりも優先すべきものがあったんじゃないでしょうか？
S　謝る勇気があれば，こんなに深く後悔を抱えずに済んだかもしれない。
T　どうしてこんなにも私の後悔は深いんでしょうか？

S　おばあさんはこの世にいなくて、どうすることもできない自分の無力さを情けなく思っているから。
T　せめて一言でも謝れていたら、少しは楽だったのかもしれませんね。
S　こんな後悔を背負うなら、どんなに辛い状況でも正直に生きた方がよかった。

> 発問　「あのおばあさんが私にくれた心を、今度は私が誰かに差し上げなければならないと思った」のは、なぜか？

S　誰かに優しくすることで、前向きになれるから。
T　どうして誰かに優しくしようと思ったんですか？
S　おばあさんがもういないから。
T　おばあさんに恩を返せなくなった、じゃあいいや、とならないのはなんですか？
S　（考えている）
T　もうおばあさんがいないのだから、謝る必要はないんじゃないの？
S　謝れないけど……その気持ちがなくなったらダメと思う。
T　どうしてですか？
S　そうなってしまうと、弱いままの自分と変わらないから。
T　ということは、私は後悔を乗り越えたいと思っているわけですね。
S　（うなずく）
T　それは、誰のためですか。おばあさんのためですか。
S　おばあさんのためでもあるけど、やっぱり自分のためだと思います。
T　それをすることが、なぜ自分のためになるのですか。
S　このままの自分では情けなくて、嫌だ。よくなりたい。
T　誰もがそう思いますよね。それが人間の素晴らしさなのかもしれませんね。

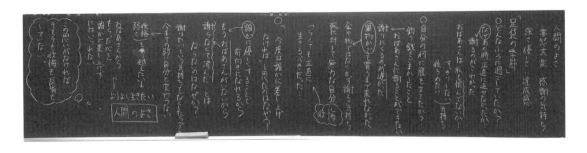

道徳ノートの記述と評価文例

後悔を抱えたまま生きることについての記述

　今日の学習で，人は誰でもずるい行動をしてしまうけど，その罪悪感はずっと自分の心の中に後悔として残り続けることが分かりました。また自分にやましい気持ちがあるときは，正々堂々とできなくなり，生きることが苦しくなると思いました。たとえずるいことをしてしまっても，その次の行動が大切だと思いました。

評価文例

　「足袋の季節」の学習を通して，人間は誰でもずるいことをしてしまうが，そんな自分を情けなく思い，後悔し続けることに気付きました。また，後悔を抱えたまま生きることの苦しさを理解しました。

Point

　ずるさや弱さは人間なら誰にでもあることを理解し，またそんな自分を情けなく思うのも人間であることに気付いた。そして，後悔を抱えたまま生きることの苦しさに気付いた点を評価した。

謝るのに大切なことについての記述

　今日の授業でわかったことは，悪いことをしても謝ることができなかったら，ずっと後悔として残ってしまうということでした。もし，おばあさんが生きている間に謝ることができていたら，私の生き方も変わっていたかもしれないです。また，謝るのに大切なのは，お金やものではなく，勇気をもつことと心を込めることだと思いました。

評価文例

　「足袋の季節」の学習を通して，謝りたい人が亡くなってしまい謝ることが叶わないと，いつまでも後悔は消えないことを理解しました。また，謝るのに本当に大切なのは，勇気をもつことと心を込めることだと気付きました。

Point

　謝りたい人が亡くなってしまったら謝ることさえできず，いつまでも後悔が消えないことを理解し，謝るためには何よりも勇気と心を込めることだと気付いたことを評価した。

人間の強さと弱さを知って前向きに生きることについての記述

　人間には誰でもずるさや弱さもあって、「私」のように自分のつらい状況からついつい誘惑に負けてしまうことだってあると思いました。でも、そんな自分を情けなく感じるけど、いつまでもくよくよせずに、後悔を乗り越えて、前向きに生きていきたいという強い希望をもっているのが人間だと思いました。

　「足袋の季節」の学習を通して、人間にはついつい身勝手な行動をしてしまうような弱い心があるが、反対にそれを克服できる強さもあり、前向きに生きていこうとする希望をもっていることを理解しました。

　人間の普遍的な性質に焦点を当て、弱さや強さの両方の理解を深めた。さらに、人は後悔を乗り越えて、よりよく生きていこうとする希望をもつことを見出した点を評価した。

よりよく生きたいという人間についての記述

　おばあさんからもらった心をそのままにできない理由は、よりよく生きたいからだということが授業を通してわかりました。そもそも、よりよく生きたいと思ってなければ、ここまで深く後悔をしていないと知って、後悔や反省があるからこそ、人間は立ち直って前に進んでいけるんだと思いました。

　「足袋の季節」の学習を通して、人間が後悔や反省をするのは、よりよく生きたいと思う人間本来のよさがあるからということに気付くことができました。また、そのよさがあるからこそ、人は前に進めることを理解しました。

　生きていれば誰でも失敗はするものであるが、それについて後悔や反省をする理由についての考えを深めることで、よりよく生きたいという人間の本質に迫り、やがて人間の成長につながることに気付いた点を評価した。

（伊計　拓郎）

3年 よりよく生きる喜び【D-⑵】

よりよく生きる意味について考えよう

教材：銀の燭台

ねらい

人間の弱さ・醜さに気付き，それを見つめ，乗り越えていく意味を理解させることが，自分の人生をよりよく生きることにつながることを理解させる。

ねらいから見た評価のポイント

人間の弱さ醜さに気付き，人はその弱さ醜さをそのままにしておける存在ではない。それを乗り越えるのは自分自身であり，人にはそのような力がある。これらについての理解の深まりを評価する。

主題設定の理由

中学生は，3年間の生活の中で自分の弱さに気付いたり，自分の中に醜いものがあると気付いたりした経験をしている。また，「あのときこうしておけば……」「あのときどう考えればよかったのだろう」という経験も少なからずしている。人が誰の支えもなく，信用もない中で生きていくことは，心が折れ，つい，弱い自分に負けてしまうこともある。しかし，人は，心が折れ，弱く醜い自分に甘んじて生きようとする心と，それを乗り越えて生きていこうとする心が共存している。よりよく生きるとは，どんな力によるものなのかに気付かせたい。人間の心はとても複雑であることを理解しながら，自分の弱い心や醜い心をどう乗り越えるかを考える。それがよりよく生きることにつながるということを理解させていきたい。

授業づくりのポイント

「ジャンはこの後どうして正直に生きようとしたか。」を中心発問にして，人の心の中には「認めてもらいたい」「善行をしたい」「約束を守りたい」「恩に報いたい」があることを考える。その気持ちを実現困難にさせているものは何かを考える。そこには，人間の弱さがあり生徒はそれに気付く。人の心に支えとなることがあればそれが一筋の光となり，よりよく生きようとする気持ちが湧き上がり，善の世界で生きることができると生徒が自分の考えを広げられるよう理解を深めさせたい。

学習指導過程

	学習活動	発問と予想される生徒の心の動き	指導上の留意点
導入	○本時の課題を知る。	・今日は自分の人生をよりよく生きるということを考えていきたいと思う。	・本時の主題への方向づけを行う。
展開	①教材を読む。 ②ジャンが震えている理由について考える。	「ジャンはどうして震えているんだろう。」 ・司教さんを裏切ってしまった。 ・こんなに優しくされるなんて信じられない。 ・自分はなんてことをしたのだと自分が怖くなった。	・全文を通読する。 ・ジャンが震えている理由を考えることでジャンのこの後の生き方を捉えやすくする。
	③ジャンがこの状況の中でどのようにして生きていくことができるかを考える。	ジャンはこの後どうして正直に生きようとしたのだろうか。 ・自分の人生をリセットしてしてみんなに認められるようになりたいから。 ・司教さんへの恩返しをしたいと思ったから。 ・正直に生きる約束をしたから、その約束に自分をかけてみようと思ったから。	・全部の意見をよく聞いた上で、自分の考えがどれになるのかを明確にさせる。
		ジャンがそのように生きることは簡単だろうか？ ・みんなからひどい目で見られ、頑張ろうとしても認められないからまじめにできない。 ・人間は悪いと分かっていてもやってしまう弱いものだから正直に生きるのは難しい。	・ジャンの生きづらさを自分事として、捉えて考えさせる。
	④ジャンは、本当に悪の世界で生きたいと願っているのか考える。	ジャンは、本当に悪の世界で生きたいと願っているのだろうか。 ・人には善の心があり、悪の世界で生きることは望んでいない。 ・今までいろいろやってきたから悪の世界で生きるのは仕方ない。 ・自分を認めてもらいたい気持ちは、誰にでもあるから悪の世界で生きるのを心から望んではいない。	・他者との対話によって、自分の考えを再構築し、ねらいの理解を深める。 ・自分のはじめの価値理解からどのように成長して、理解を深めたかを確認させる。
終末	○道徳ノートを書く。	○「よりよく生きる」ことについて、今日の学習で分かったことを書こう。	・学習について振り返らせ、自分の学びを整理させる。

教材の概要

ジャンは，一切れのパンを盗んだ罪と，脱獄の罪により，19年間，牢屋で過ごした。牢屋から出て，町に戻ったが，誰も怖がって相手にしない。やっとの思いでたどり着いた教会のミリエル司教が，教会の銀の食器を盗んだジャンに「あなたの物」と食器だけでなく銀の燭台まで渡し，正直な人間になるために使う約束を求めた。

授業の実際

〈学習活動③以降〉

> 発問　ジャンはこの後どうして正直に生きようとしたのだろうか。

S　自分の人生をリセットしてみんなに認められるようになりたいから。

S　正直に生きる約束をしたから，その約束に自分をかけてみようと思ったから。

S　司教さんが自分にしてくれたように，自分も人を救いたいと思ったから。

> 発問　ジャンがそのように生きることは簡単だろうか？

S　だって，ジャンは町の人たちにあんな目で見られて，頑張ろうとしても認めてくれないし，失敗したらもっとみんなからひどい目で見られるし。そんなことされたら自分だったらまじめにやれって言われても心が折れてできない。難しいと思う。元の自分に戻って盗みをするかもしれない。最初はまじめにやろうと思うんだよ。

S　私は，ジャンは，今は，何も持っていない。だから，今までは自分のためのというか姉の子供のためでもあったけど，自分のためではなくて人が幸せになるために盗みをすると思います。

S　だって最初はまじめに努力しても，失敗したら周りの目も自分を応援してくれるわけでもなくきっと冷たいから挫折すると思うんです。そうしたらもう，まじめになんかなれないと思います。

S　正直に言います。人間は弱いものだと思います。人間は悪いと分かっていても悪いことをやってしまう弱いものなんです。

S　一度，悪いことをしたり失敗したりするとなかなか立ち直れなくて，「まあいっか」みたいになってまた悪いことを繰り返しやってしまう。人ってそういうところがあると思う。自分もだけど……。

> **発問** ジャンは,本当に悪の世界で生きたいと願っているのだろうか。

S　先生,僕,言いたい。僕はどんなときも善100%で生きています。人の心の中には悪の心と善の心があるって分かった。でも,心の中は善の心100%じゃなくちゃ。悪いことは絶対やっちゃダメなんです。どんなことがあっても善の世界で生きなきゃダメなんです。

S　でも,ジャンは今までいろいろやってきたから悪の世界で生きるのは仕方ないと思う。

S　人には善の心があり,悪の世界で生きることは望んでいないと思うけど。

S　自分を認めてもらいたい気持ちは,誰にでもあるから悪の世界で生きるのは本心では望んでないんじゃないかな。

T　ジャンは悪の世界で生きるしかない,仕方ないというけれど,ジャンの立場に自分がなったらそれでいいのだろうか。

　（悪の世界で生きるのは仕方ないと言っていた生徒が,「それは困る」と口をそろえて言う）

T　じゃあ,どうやって生きていったらいいんだろうか。

S　自分で自分のことを告白して,正直な人間になる。

S　人はきっかけや支えがあれば変われる。きっかけをものにしてうまくいかなくてもチャレンジし続ければいい。

S　みんなにいいことして,みんなに認められるようになるまでやるしかないと思う。

S　悪の世界を,自分で乗り越えて,まじめにやっていくしかないと思う。自分がやるしかないと思う。最後は自分がやり通すしかない。

S　自分になかった考えやこれからの生き方の参考になった考えを教えてほしいな。

S　まじめに働いていけばいいとはじめは思ったけど,人間そう簡単に変われるものでもないし,人は弱いところがあることもみんなの話でよく分かりました。でも,それを乗り越えて最後は自分がやり通すしかないという考えがとても参考になりました。

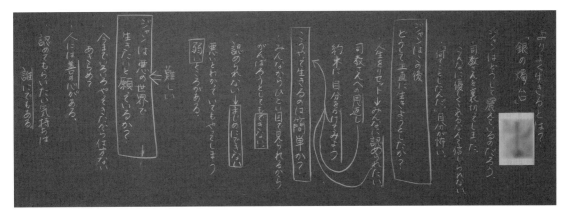

道徳ノートの記述と評価文例

自分自身が自分の弱さを乗り越えることについての記述

【生徒のノート】
「人は簡単に変われない。」という意見があったけど私もそう思っていました。でも，きっかけがあれば人はすぐに変われるという意見はすごく説得力がありました。善と悪を判断し，いいと思ったことは貫いていくことがよりよく生きることだと思います。

【評価文例】
「銀の燭台」の学習を通して，人は挫折するとなかなか立ち直れないと考えていましたが，自分が乗り越えてよりよく生きるしかないという意見に影響を受け，自分の弱さを乗り越える大切さに気付くことができました。

【Point】
人は簡単に変わることのできない弱い存在であるという人間の理解から最後は自分自身しかないという強い存在になることに気付いたと評価した。

自分の心の善を信じる生き方についての記述

【生徒のノート】
人には善い心と悪い心があって両方が顔を出すことが分かりました。だけど，自分の善い心を信じて生きていくことがよりよく生きるということなんじゃないかなぁと思いました。

【評価文例】
「銀の燭台」の学習を通して，人間は弱いものであるという思いを話した後，悪の世界だけで生きるのではなく，自分の心の中の善の部分を信じて，善の世界でよりよく生きることができると考えを深めました。

【Point】
人間には醜い部分もあることに気付き，それを受け入れながら，人間の心の善良な部分を生かして生きていく大切さを理解していることを評価した。

人間の弱さを認めながら，自分の人生を生きたいという記述

　人間は悪いと分かっていても悪いことをやってしまう弱いものだと思う。でも，人間らしく生きるのがいい。人に言われて変わるのではなく，自分の力で自分の人生を変えていく。自分はそんなふうに生きたい。

　「銀の燭台」の学習を通して「人に言われて変わるのではなく，自分の力で自分の人生を変えていく。自分はそんなふうに生きたい。」と道徳ノートに書きました。自分自身のこれからの生き方に期待をもつことができました。

　人間の弱さ醜さは理解しているが，それでも自分らしく生きることがよりよく生きることであるという自分の価値を構築していることを評価した。

よりよい行動がよりよい生き方になっていくという記述

　人の心は弱くて，変わろうとしても認められなかったらやる気をなくすのもよくわかりました。でもそこから，「善」のことをたくさんすれば，自分の心も「善」になって，自分の存在も「善」になるのではないかと思った。

　「銀の燭台」の学習を通して，人間の心の弱さやもろさに気付くことができました。また，よい行動を重ねていくことで，自分の存在自体もよいものになっていき，よりよい生き方につながることを理解しました。

　人間には弱さやもろさがあることに納得して，それを理解しながらよりよく生きることを目指すことの素晴らしさも感じていることを評価した。

（増田　千晴）

【編著者紹介】

服部　敬一（はっとり　けいいち）
大阪成蹊大学教授

【執筆者紹介】　（執筆順，所属は執筆時）

服部　敬一	大阪成蹊大学教授
伊計　拓郎	帝塚山学院泉ヶ丘中学校高等学校
鈴木　賢一	愛知県あま市立七宝小学校
増田　千晴	愛知県江南市立古知野中学校
大髙　知子	栃木県小山市立小山城南中学校
吉田　雅子	大阪教育大学附属天王寺中学校
瀬戸山千穂	群馬県前橋市立大胡中学校
佐々木篤史	弘前大学教育学部附属中学校
蒔田久美子	千葉県茂原市立本納中学校
桑代かほり	千葉県印西市立印西中学校
右見　洋子	兵庫県芦屋市立潮見中学校
荊木　聡	大阪教育大学附属天王寺中学校
齋藤　眞弓	つくば国際大学東風小学校

中学校道徳サポートBOOKS
中学校「特別の教科　道徳」の授業と評価実践ガイド
道徳ノートの記述から見取る通知票文例集

2019年4月初版第1刷刊　Ⓒ編著者　服　部　敬　一
2019年11月初版第2刷刊　発行者　藤　原　光　政
発行所　明治図書出版株式会社
http://www.meijitosho.co.jp
（企画）佐藤智恵（校正）川﨑満里菜・関沼幸枝
〒114-0023　東京都北区滝野川7-46-1
振替00160-5-151318　電話03(5907)6703
ご注文窓口　電話03(5907)6668

＊検印省略　　組版所　長野印刷商工株式会社

本書の無断コピーは，著作権・出版権にふれます。ご注意ください。

Printed in Japan　　ISBN978-4-18-120010-7

もれなくクーポンがもらえる！読者アンケートはこちらから→